A IDEOLOGIA ALEMÃ

A IDEOLOGIA ALEMÃ
Karl Marx e Friedrich Engels

Tradução
LUIS CLAUDIO DE CASTRO E COSTA

wmf **martinsfontes**

Esta obra foi publicada originalmente em alemão com o título
DIE DEUTSCHE IDEOLOGIE (ERSTER TEIL).
Copyright © 1989, Livraria Martins Fontes Editora Ltda.,
São Paulo, para a presente edição.

1ª edição *1989*
4ª edição *2023*

Tradução a partir da versão francesa
LUIS CLAUDIO DE CASTRO E COSTA

Revisão técnica
Valdizar Pinto do Carmo
Mauro de Queiroz
Revisão da tradução
Monica Stahel
Revisões
Andréa Stahel M. da Silva
Dinarte Zorzanelli da Silva
Produção gráfica
Geraldo Alves
Paginação
Studio 3 Desenvolvimento Editorial
Capa
Katia Harumi Terasaka Aniya

Dados Internacionais de Catalogação na Publicação (CIP)
(Câmara Brasileira do Livro, SP, Brasil)

Marx, Karl, 1818-1883.
 A ideologia alemã / Karl Marx, Friedrich Engels ; tradução Luis Claudio de Castro e Costa. – 4ª ed. – São Paulo : Editora WMF Martins Fontes, 2023. – (Clássicos)

 Título original: Die deutsche Ideologie.
 ISBN 978-85-469-0388-7

 1. Comunismo 2. Engels, Friedrich, 1820-1895 3. Feuerbach, Ludwig, 1804-1872 4. Ideologia 5. Marx, Karl, 1818-1883 6. Materialismo histórico I. Engels, Friedrich. II. Costa, Luis Claudio de Castro e. III. Título IV. Série.

22-115007 CDD-193

Índices para catálogo sistemático:
1. Engels : Obras filosóficas 193
2. Feuerbach : Obras filosóficas 193
3. Marx, Karl : Obras filosóficas 193

Cibele Maria Dias – Bibliotecária – CRB-8/9427

Todos os direitos desta edição reservados à
Editora WMF Martins Fontes Ltda.
Rua Prof. Laerte Ramos de Carvalho, 133 01325-030 São Paulo SP Brasil
Tel. (11) 3293.8150 e-mail: info@wmfmartinsfontes.com.br
http://www.wmfmartinsfontes.com.br

Índice

Introdução – O nascimento do Materialismo Histórico.. VII
Cronologia.. XLI
Nota desta edição.. XLV

A IDEOLOGIA ALEMÃ
Prefácio.. 3

FEUERBACH – OPOSIÇÃO ENTRE A CONCEPÇÃO MATERIALISTA E A IDEALISTA
Introdução.. 5
A. A ideologia em geral e em particular a ideologia alemã 7
B. A base real da ideologia.. 55
C. Comunismo – Produção do próprio modo de trocas.. 87

ANEXO – TESES SOBRE FEUERBACH 99

Notas 105

Introdução

O Nascimento do Materialismo Histórico

Pertence ao consenso geral dos estudiosos do marxismo a tese de que *A Ideologia Alemã* assinalou o nascimento do materialismo histórico, teoria e metodologia da ciência social associada aos nomes de Marx e Engels. Louis Althusser apontou nessa obra o corte epistemológico, que separa a fase pré-marxista do pensamento de Marx e Engels da fase propriamente marxista, na qual trabalham com sua teoria original.

O problemático na idéia do corte epistemológico, tal como o apresenta o filósofo francês, consiste na ausência de explicação do porquê e do como se deu a passagem de uma fase a outra. As duas aparecem absolutamente separadas e estranhas entre si, uma vez que, em ambos os casos, se trata de estruturas fechadas. Não se vê de que maneira a primeira fase preparou a seguinte, na qual elementos precedentes se eliminam ou se conservam transformados. O corte epistemológico althusseriano destaca acertadamente a descontinuidade, porém esta se expõe como resultante de um ato de criação sem história, na medida em que se omite o outro lado do processo, o da continuidade.

Na verdade, em 1845-1846, quando redigem em parceria o manuscrito de *A Ideologia Alemã*, Marx e Engels já haviam percorrido longo caminho de elaboração teórica e de prática política, apesar de se encontrarem ainda na terceira década da existência. Ambos já eram senhores de vasto acervo cultural submetido à reformulação por uma crítica poderosa e ambos se achavam imersos, de corpo e alma, na agitação política de um momento de virada na história européia do século passado.

1. Do Hegelianismo de Oposição ao Socialismo Utópico

Nos cursos de Direito, Filosofia e História, que concluiu na Universidade de Berlim, o jovem Marx se integrou na vida intelectual e política, dentro da qual se fortaleciam tendências de oposição à monarquia absolutista da Prússia. Já predisposto pela influência paterna, impregnada do iluminismo francês, o estudante Marx se fez também oposicionista e assumiu a ideologia alemã da qual viria a ser o crítico mais radical.

A oposição à monarquia absolutista crescia no interior dos quadros da filosofia idealista clássica, particularmente da escola de Hegel, cujo estatuto era o de filosofia oficial. Satisfazia à monarquia na medida em que exaltava o Estado como o reino da Razão, mas também seduzia a oposição, enquanto acenava com o ideal do constitucionalismo.

Comprimida pela censura governamental, a oposição atacava o regime político de viés, visando ostensivamente não ao Estado, mas à religião associada ao Estado. Esta linha de ataque indireto se iniciou com a *Vida de Jesus*, de David Friedrich Strauss, publicada em 1835 e propulsora de estudos da história do cristianismo.

A primeira concepção filosófica de Marx não podia deixar de ser idealista. Assimilou a ética do imperativo categórico de Kant e o princípio da atividade subjetiva de Fichte. Aceitou a Idéia hegeliana na versão que lhe davam os *jovens hegelianos*, isto é, os hegelianos de oposição.

Se Marx devia começar sua trajetória filosófica pela filosofia idealista dominante, não o fez sem imprimir já neste ponto de partida características pessoais, que se desenvolveriam através de sua vida. As características da crítica sempre desperta e do impulso para a prática.

O enfoque crítico era estimulado pelo próprio fato da desagregação da escola hegeliana. Dentro dos quadros dela, as orientações divergiam e as discussões se acirravam, conforme se privilegiava este ou aquele aspecto do sistema (a Substância, a Autoconsciência etc.).

Pela primeira vez na história da filosofia, precisamente na obra hegeliana, a dialética adquiriu formulação consciente e sistemática. Marx se sentiu atraído especialmente pela dialética, cuja marca percorre sua tese de doutorado sobre a *Diferença da Filosofia da Natureza em Demócrito e Epicuro*. Significativa a escolha da dissertação acerca de dois filósofos materialistas, quando o mestre Hegel simplesmente afirmava a impossibilidade lógica de uma filosofia materialista. Enquanto o mestre havia sido fortemente depreciativo com relação a Epicuro, o candidato à láurea acadêmica descobriu no materialista grego a idéia da dialética dos átomos, o que discrepava da negação da dialética da natureza pelo autor da *Ciência da Lógica*. Escrita em 1839, a tese conferiu ao seu autor, dois anos depois, o título de doutorado pela Universidade de Iena.

Marx não seguiu, porém, a carreira universitária. Em 1841, ingressou na *Gazeta Renana*, da qual veio a assumir a chefia da redação. Editado em Colônia, o jornal exprimia a orientação da burguesia liberal no período em que se acumulavam as forças propulsoras da revolução democrático-burguesa na Alemanha.

Em 1843, após numerosos atritos com a censura, a *Gazeta Renana* teve a circulação proibida. No entretempo, seu redator-chefe passou por um curso prático de política. Defrontou-se com o Estado no cotidiano de sua ação perante a sociedade e tomou conhecimento de fatos demonstrativos da íntima relação entre economia, direito e política. Impressionou-o, por exemplo, que a livre coleta de lenha pelos camponeses nos antigos bosques comunais, segundo a lei consuetudinária feudal, se convertesse em crime de furto pela nova legislação inspirada no princípio burguês da propriedade privada, sob a proteção dos agentes do Estado.

A atividade jornalística também impôs a obrigação de pronunciamento acerca das correntes socialistas. Marx se declarou adversário delas, ao mesmo tempo reconhecendo sua ignorância a respeito de tais doutrinas. Estas se difundiam na Alemanha, apesar do atraso industrial do país e do caráter pouco mais do que incipiente do seu proletariado. Eram doutrinas vindas da França e associadas aos nomes de Fourier, Proudhon, Saint-Simon e outros. Variantes todas do socialismo como ideal antiburguês desprendido das lutas econômicas e políticas das massas trabalhadoras e caracterizadas pelo mesmo caráter utópico. Os próprios alemães já possuíam uma literatura socialista com Weitling, Moses Hess e Karl Grün.

A partir de 1843, Marx se aproximou das seitas socialistas e, em Paris, entrou em contato pessoal com Proudhon. Incorpora-se, então, ao seu pensamento a idéia, que seria a mais dinâmica para o trabalho teórico: a idéia do proletariado enquanto classe mais explorada e, por isso mesmo, mais revolucionária. Aquela capacidade para emancipar a sociedade da divisão em classes e recuperar para os homens a verdadeira vida comunitária e a plena realização individual.

Pouco mais jovem do que Marx e independente dele, Friedrich Engels havia chegado por caminho diverso à mesma conclusão sobre o caráter revolucionário do proletariado. Filho de um industrial têxtil que o queria comprometido com a carreira comercial, Engels ficou impedido de seguir o curso universitário e se limitou a assistir conferências como aluno-ouvinte. Tomou partido pela oposição à monarquia absolutista e percorreu o trajeto intelectual do hegeliano de oposição. Mas suas viagens à Inglaterra, a serviço da firma paterna, o puseram cedo em contato com o movimento operário e com as idéias socialistas, no que se antecipou a Marx. Travou relações pessoais com os líderes do partido cartista inglês e passou a colaborar nos seus jornais. Também mais cedo do que Marx, tomou conhecimento da Economia Política inglesa, na qual viu a expressão dos interesses de classe da burguesia e da qual, a princípio, recusou o núcleo categorial. Ou seja, o conceito de valor-trabalho. A afinidade de pensamento aproximou Marx e Engels, desde seu primeiro encontro em 1844. Entre ambos, estabeleceu-se uma colaboração íntima e intensa, que se prolongaria até a morte de Marx, quarenta anos depois.

2. A Influência de Feuerbach

Quando se encontraram pela primeira vez em Paris, Marx e Engels haviam passado pelo impacto de extraordinário acontecimento intelectual para a Alemanha da época. Em 1841, Ludwig Feuerbach publicava *A Essência do Cristianismo*. Em 1843, vinha à luz *Fundamentos para a Filosofia do Futuro*.

A primeira obra prosseguia na linha inaugurada por Strauss de investir contra o regime político dominante de viés, através do ataque à religião cristã oficial. Mas o fazia com radicalismo, com a defesa aberta do ateísmo, com a adoção sem subterfúgios do materialismo. Tratava-se também de ataque contundente ao sistema idealista hegeliano, até então submetido a interpretações divergentes, que disputavam entre si a verdade do sistema e não saíam dos seus limites. Agora, afinal, ele era ultrapassado e o pensamento filosófico podia se desenvolver já sobre o terreno do materialismo e não do idealismo.

Em *A Essência do Cristianismo*, Feuerbach inverteu o significado do que Hegel chamava de *alienação*, do processo pelo qual a Idéia Absoluta se fazia Ser-Outro na natureza e se realizava dialeticamente nas obras do Espírito (religião, filosofia, moral, direito e Estado). Para Hegel, alienação significava objetivação e enriquecimento. Tratando do Deus da religião cristã, Feuerbach dizia que era uma criação do próprio homem. O homem se objetiva em Deus e nele projeta suas melhores qualificações: amor, bondade, sabedoria, justiça. Tanto mais o homem empobrecia sua essência quanto mais Deus se enriquecia com os atributos dela. A essência de Deus é a essência alienada do homem. A objetivação alienada não é enriquecimento, mas empobrecimento. A crítica da Teologia se funda na Antropologia. Submetido a Deus, sua criação, o homem se cinde, se separa dos outros homens, isola-se do seu gênero natural (*Gattung*). Libertar-se desta ilusão é necessário a fim de recuperar a essência humana alienada e restabelecer a comunidade verdadeira do gênero humano. O homem é o Deus do homem. No reconhecimento desta verdade estava a grande virada libertadora da história.

Feuerbach dirigiu contra Hegel a crítica acerca da concepção deísta, que imaginava um Deus abstrato, despido de predicados antropomórficos. O panteísmo hegeliano colocava sobre a religião o disfarce especulativo. A existência sem essência é o mesmo que inexistência. A essência de Deus são seus predicados, nos quais se compreendia a essência humana objetivada.

Nos *Fundamentos para a Filosofia do Futuro*, Feuerbach desenvolveu o materialismo sob a forma de humanismo naturista. Preso à categoria de religião, que considerou consubstancial à história humana, propôs substituir a religião cristã pela religião da humanidade. A religião do homem recuperado enquanto gênero natural, cuja manifestação suprema é o amor sexual. O materialismo se apresentava como humanismo reintegrador do homem à sua verdadeira natureza genérica e realizador de suas potencialidades na comunidade do gênero natural. O que implicava o desprendimento das alienações que cindiam o homem consigo mesmo e o separavam dos demais indivíduos do seu gênero.

Marx e Engels acolheram com entusiasmo as obras de Feuerbach e, por seu intermédio, fizeram a transição ao materialismo. Como não podia deixar de ser naquele momento, aceitaram o materialismo sob a forma que lhes apresentava Feuerbach: a do humanismo naturista.

Contudo, assim como não foram hegelianos por inteiro, Marx e Engels não aceitaram Feuerbach com espírito de ortodoxia. Conservaram elementos anteriormente adquiridos: a dimensão ética recebida de Kant e, sobretudo, a dialética de Hegel. Nela não enxergando senão especulação idealista, Feuerbach a deixara completamente à margem. Marx e Engels iniciaram profundo processo de reelaboração da dialética hegeliana, que resultará numa revolução filosófica: a integração do princípio da dialética no corpo do materialismo e a reconstrução deste como materialismo dialético.

3. *O Processo das Transições*

De 1843 a 1846, quando se conclui a redação de *A Ideologia Alemã*, os escritos de Marx se caracterizam pela influência desses vetores de sua formação cultural, os quais vão se depurando e amalgamando numa nova concepção.

Desta fase, são os escritos de Marx: *Crítica da Filosofia Hegeliana do Direito Público*, *A Questão Judaica*, *Introdução à Crítica da Filosofia do Direito de Hegel* e os *Manuscritos Econômico-Filosóficos de 1844*. O primeiro e o último somente seriam publicados postumamente, já em nosso século. Quanto a Engels, publicou, em 1844, o *Esboço à Crítica da Economia Política*.

Ainda que não pertencessem a nenhuma organização revolucionária, pois somente em 1847 é que ingressaram na Liga dos Justos (no mesmo ano, rebatizada de Liga dos Comunistas), Marx e Engels já atuavam em estreito contato com numerosas entidades e correntes do movimento operário de vários países da Europa ocidental. Assim, o surgimento do marxismo não se dá, conforme tem sido costume afirmar, de fora do movimento operário, *mas de dentro dele*. Já é como intelectuais orgânicos da classe operária que Marx e Engels submetem à crítica a mais avançada cultura do seu tempo e extraem dela algo contrário a ela, ou seja, a expressão teórica dos interesses de classe do proletariado. Não se trata de acontecimento puramente intelectual, mas também de acontecimento sócio-político de significação histórico-mundial.

O processo de avanço do pensamento marxiano se dá não só na direção do rompimento com o sistema de Hegel, porém, ao mesmo tempo, do rompimento com os *jovens hegelianos*, uma vez que estes continuavam no plano do idealismo filosófico e adotavam a perspectiva da revolução liberal-burguesa. Dentre esses *jovens hegelianos*, são os irmãos Bauer os mais visados, especialmente Bruno Bauer, que fazia da Consciência Crítica (inalcançável pelas massas trabalhadoras) o sujeito da revolução. A *Questão Judaica* põe à luz a divergência básica de Marx com os *jovens hegelianos* e proclama a estreiteza da revolução burguesa (emancipação puramente política) em face da universalidade da revolução proletária (emancipação humana total).

Mas o terreno sobre o qual se assenta a crítica marxiana ainda é o do humanismo naturalista de Feuerbach, identificado com o objetivo da revolução proletária. Ao mesmo tempo, os giros expositivos são de nítida inspiração hegeliana, o que denuncia o apego marxiano à dialética e o esforço em progresso no sentido de sua reelaboração materialista. Enquanto este esforço não se ultima, mantém-se o comunismo concebido como escatologia e a história aparece direcionada por uma teleologia, por um finalismo redentor. Mantém-se a dimensão ética procedente da razão prática de Kant. Crítica do capitalismo e perspectiva socialista encontram sua justificação nos princípios éticos da emancipação da humanidade enquanto entidade suprema para os indivíduos humanos.

Os *Manuscritos Econômico-Filosóficos de 1844* – só publicados em 1932 e aos quais Marx nunca fez referência – contêm a crítica da sociedade burguesa vista na expressão teórica da Economia Política, principalmente a das obras de Adam Smith, David Ricardo e J. B. Say. À crítica da Economia Política segue-se uma exposição do comunismo enquanto realização do humanismo naturista, enquanto recuperação da natureza genérica pelo homem. O homem da sociedade comunista será o homem total, livre das alienações e mutilações impostas pela divisão do trabalho reinante na sociedade burguesa e apto a realizar suas múltiplas potencialidades. A parte final dos *Manuscritos* é a da crítica da dialética hegeliana enquanto especulação idealista. Desfeita a especulação, já desponta a dialética materialista.

No rascunho inédito, o socialismo ainda não tem base na concepção científica da história. Daí a inspiração ética da argumentação. Mas é evidente que Marx se encontra bem próximo da concepção científica da história e, por conseguinte, da superação do socialismo utópico.

Neste momento particular, a aproximação se deveu a Engels. O seu *Esboço à Crítica da Economia Política* deixou Marx fascinado, a ponto de, mais tarde, qualificá-lo de genial. Tratava-se da abertura de novo campo do saber social, pelo qual Marx se sentiu atraído e por dentro do qual começou a avançar impetuosamente. Assim como Engels, também Marx rejeitou a teoria do valor-trabalho e viu na Economia Política a justificação da concorrência ilimitada e impiedosa entre os homens, a consagração da alienação das forças sociais no poder do capital. O estudo continuado da Economia Política clássica o levará à aceitação posterior da teoria do valor-trabalho, passo decisivo para a elaboração futura de *O Capital*. A aceitação se torna explícita na *Miséria da Filosofia*, obra de 1847 de polêmica contra Proudhon.

O momento de transição, em que se gesta o marxismo, foi também marcado pela leitura apaixonada das produções da Historiografia. Sob esse aspecto, a conquista mais avançada vinha dos historiadores franceses da época da Restauração (Thierry, Mignet, Guizot e Thiers), que descobriram na luta de classes entre a aristocracia e a burguesia a chave explicativa da Revolução Francesa e das lutas políticas subseqüentes.

Em princípio de 1845, veio a público *A Sagrada Família*, primeira obra em que Marx e Engels aparecem como co-autores. O alvo são os irmãos Bauer (Bruno, Edgar e Egbert), mas a crítica aos *jovens hegelianos* nos deu ensejo a ampla exposição da história da filosofia materialista. Os co-autores ainda se mostram adeptos do materialismo antropológico de Feuerbach, ao tempo em que seus conhecimentos e seu processo discursivo já lhes permitem superá-lo.

Sem dúvida, estavam acumulados os elementos essenciais para um salto na história do conhecimento social.

Contudo, como enfatiza justamente Joseph Fontana, o materialismo histórico de Marx e Engels não é soma ou síntese de elementos anteriores. Não surgiu, sem dúvida, no vazio cultural, porém trouxe uma visão profundamente nova do desenvolvimento da sociedade humana e um novo projeto de lutas sociais com vistas à transformação radical da sociedade existente. O que conta não é tão-somente identificar a procedência dos ladrilhos, mas ressaltar o autor do plano do edifício.

4. O Materialismo Histórico em sua Primeira Formulação

Em meados de 1845, Engels viajou a Bruxelas, onde Marx residia na ocasião. Puseram-se de acordo para a feitura de uma obra de crítica às tendências ideológicas burguesas, que disputavam a consciência oposicionista germânica, bem como às concepções utópicas do socialismo. A contraposição positiva da crítica seria a exposição de uma teoria da história, que se apresentava como científica e que seria proposta como novo fundamento para a luta emancipadora pelo comunismo.

Escrevendo mais tarde, com sua exemplar modéstia, Engels afirmou que o materialismo histórico era uma descoberta de Marx. Uma das suas duas maiores descobertas, a outra sendo a da mais-valia. Marx chegara de maneira independente ao materialismo histórico e ele, Engels, não tivera senão parte pequena nesta façanha. Se é verdade que o mérito maior cabe a Marx, a modéstia de Engels esconde a magnitude de sua contribuição. Como foi visto, o seu escrito *Esboço à Crítica da Economia Política* exerceu decisiva influência sobre o grande companheiro, além do que Engels possuía a visão direta da sociedade inglesa e do seu movimento operário, o que lhe permitia formar uma idéia concreta do capitalismo no país mais desenvolvido daquela época.

No final de 1846, o grosso manuscrito se achava concluído, conquanto não tivesse redação final. Conforme relatou Marx, no Prefácio à sua obra *Para a Crítica da Economia Política*, publicada em 1859, os co-autores foram informados da impossibilidade imediata de impressão. Desistiram dela, mas sem amargura:

"Abandonamos tanto mais prazerosamente o manuscrito à crítica roedora dos ratos, na medida em que havíamos atingido nosso fim principal: ver claro em nós mesmos."

Com efeito, Marx e Engels passaram a limpo sua própria ideologia anterior e a superaram, quando extraíram deste balanço implacável a nova concepção do processo histórico.

A Ideologia Alemã só teve publicação quase um século depois, em 1933, simultaneamente em Leipzig e Moscou.

Tal qual chegou até nós – poupado à crítica roedora dos ratos –, o manuscrito ainda estava na fase da primeira redação, com numerosos trechos riscados e anotações marginais. Deveria servir de matéria-prima para a redação definitiva. No entanto, mesmo nesta fase de rascunho, o manuscrito contém longas exposições coerentes e concatenadas, que lhe conferem boa legibilidade. Com a peculiaridade adicional de revelarem o avanço discursivo em processamento anterior à fixação formal.

A Ideologia Alemã se divide em três partes, respectivamente dedicadas à análise do pensamento em determinados personagens: Ludwig Feuerbach, Bruno Bauer e Max Stirner.

A primeira parte – intitulada *Feuerbach* – é a mais divulgada em separado, uma vez que contém o esboço do materialismo histórico. Assinala o rompimento de Marx e Engels com o materialismo antropológico daquele filósofo, sobre o qual, ao contrário do esperado, apresenta escassas páginas. Por isso mesmo, em consideração à dívida que tinham para com ele, Engels lhe dedicou uma análise especial numa obra de 1888 – *Ludwig Feuerbach e o Fim da Filosofia Clássica Alemã*. Engels aproveitou a edição dela para dar publicação póstuma às onze *Teses Sobre Feuerbach*, escritas por Marx à época em que se via às voltas com *A Ideologia Alemã*. Não mais do que anotações a serem desenvolvidas, redigidas, portanto somente para uso próprio, as *Teses* contêm síntese soberba dos fundamentos epistemológicos do materialismo histórico.

A presente edição reproduz a primeira parte de *A Ideologia Alemã* e as *Teses Sobre Feuerbach*.

As partes seguintes encerram interesse principalmente polêmico. Bruno Bauer era o representante mais destacado da esquerda hegeliana, tendo feito contribuição importante no âmbito da história do cristianismo. Opositor do absolutismo prussiano, mantinha-se no terreno do idealismo filosófico e da perspectiva da revolução burguesa. Max Stirner ficou célebre por dar ao idealismo a configuração do mais extremado individualismo, do homem como Único, absoluto no seu egoísmo. Engels escreveu que Bakunin partiu de Stirner e de Proudhon e à doutrina que extraiu da fusão de ambos deu o nome de anarquismo.

Igualmente em rascunho ficou uma extensa crítica ao "verdadeiro" socialismo de Karl Grün, então prestigiado nos círculos alemães. Tratava-se de variante emasculadora do socialismo utópico francês com uma fraseologia abstrata e vazia, cujo anticapitalismo expressava as posições regressivas da pequena burguesia.

5. Conceito de Ideologia

O significado conferido por Marx e Engels ao termo ideologia constitui questão-chave na reviravolta representada pela primeira formulação do materialismo histórico.

A palavra *ideologia* remonta à corrente sensualista do pensamento francês. De Destutt de Tracy, uma das figuras destacadas desta corrente, é o livro *Elementos de Ideologia*, publicado em 1804. A ideologia seria o estudo da origem e da formação das idéias, constituindo-se numa ciência propedêutica das demais.

Para Marx e Engels, a questão das idéias se colocava no quadro do sistema de Hegel. Aí, a Idéia é o sujeito, cujo predicado consistia nas suas objetivações (a natureza e as formas históricas da realidade social). Em *A Essência do Cristianismo*, Feuerbach inverteu a relação, ao fazer do homem natural o sujeito. As idéias religiosas, a começar pela de Deus, seriam objetivações dos predicados do sujeito humano. Por conseguinte, objetivações de sua essência.

Marx e Engels saltaram sobre as fronteiras da religião, dentro das quais se comprimia Feuerbach, para o terreno da história universal. Do ponto de vista materialista, o sistema hegeliano devia ser revirado. As idéias de toda ordem – religiosas, filosóficas, morais, jurídicas, artísticas e políticas – não se desenvolviam por si mesmas como entidades substantivas, condensadas no ápice pela Idéia Absoluta, identidade final entre Ser e Saber. O desenvolvimento das idéias era subordinado, dependente, predicativo. As idéias se sistematizavam na ideologia – compêndio das ilusões através das quais os homens pensavam sua própria realidade de maneira enviesada, deformada, fantasmagórica. A primeira e máxima ilusão, própria de toda ideologia, consistia justamente em lhe atribuir a criação da história dos homens. Sob o prisma da ideologia é que a história se desenvolve como realização da Idéia Absoluta, da Consciência Crítica, dos conceitos de Liberdade e Justiça e assim por diante. Ora, tais idéias não possuem existência própria, mas derivada do substrato material da história.

Por conseguinte, a ideologia pertence ao âmbito do que Marx chamou depois de superestrutura. Tanto ele quanto Engels, em toda sua obra posterior, empregaram o termo sempre no sentido exposto em *A Ideologia Alemã*. Conquanto fizessem numerosas análises extremamente ricas de formas e manifestações da ideologia, o sentido fundamental não mudou. Ou seja, o da ideologia *enquanto consciência falsa, equivocada, da realidade*. Porém consciência necessária aos homens em sua convivência e em sua atividade social. Consciência falsa que não resulta de manipulação calculista, de propagandismo deliberado, mas da necessidade de pensar a realidade sob o enfoque de determinada classe social, no quadro das condições de sua posição e funções, das suas relações com as demais classes etc. Manipulação e propagandismo têm sua matriz na ideologia, como *traduções* a níveis culturais inferiores e para enfrentamento de injunções imediatistas.

Uma das elaborações mais profundas do conceito de ideologia é a teoria marxiana do fetichismo da mercadoria, do capital e de outras categorias da economia burguesa (lucro, juros, renda da terra e salário). Na fase final de sua vida, Engels deu atenção especial à questão da ideologia e fez autocrítica de certo unilateralismo de abordagem, por parte dele e de Marx. É desta fase a célebre afirmação engelsiana sobre a determinação econômica *em última instância*. As ideologias se desenvolvem com algum grau de autonomia, de acordo com a matéria tradicional específica acumulada, exercem influência retroativa sobre a base econômica e condicionam as formas do desenvolvimento histórico.

À sua própria teoria Marx e Engels nunca chamaram de ideologia. Consideravam sua teoria como reconstrução científica da realidade social e, ao mesmo tempo, expressão dos interesses de classe do proletariado. Implicitamente, isto significava que o proletariado era a única classe capaz de se libertar da ilusão ideológica em geral e alcançar a visão objetiva correta da história humana e da sociedade existente.

Não obstante, o conceito de ideologia ganhou significados diferentes na história do marxismo. Lenin se referiu à *ideologia socialista* como sinônimo do marxismo, ou seja, da teoria científica revolucionária. Assim, a ideologia não era em todos os casos uma consciência falsa da realidade. No caso da classe operária, a ideologia socialista é uma consciência verdadeira da sociedade.

O conceito de ideologia encontrou abordagens diversificadas em Kautsky, Plekhanov, Bukharin, Gramsci e Lukács. Fora do campo do marxismo, porém sob sua influência, ganhou relevo a abordagem de Mannheim. Trata-se de conceito cujo significado continua em disputa e, por conseqüência, toda sua aplicação discursiva e historiográfica. A importância de *A Ideologia Alemã* consiste em ter sido a obra germinativa desta discussão fecunda no campo do pensamento social.

6. A História e seu Substrato Material

O ponto de partida da história não pode ser a Idéia, nem qualquer conceito. Não se devia fazer da história, como ocorre com Hegel, o autodesenvolvimento do conceito.

Sendo assim, tampouco servia o conceito de homem. Com ele começava Feuerbach, ao configurar a essência imutável do homem como abstração inerente ao indivíduo isolado. Ao indivíduo *natural*, o qual unicamente enquanto *gênero*, enquanto universalidade interna, se liga de maneira também puramente natural aos demais indivíduos humanos. Na sua sexta tese sobre Feuerbach, contrapôs Marx a esta concepção a afirmação de que *a essência do homem é o conjunto das relações sociais.* A conformação corpórea natural é condição necessária do ser homem. Não é condição suficiente. A humanização do ser biológico específico só se dá dentro da sociedade e pela sociedade.

A premissa de que parte a ciência positiva da história são os indivíduos humanos reais, sua ação e condições reais de vida. Premissa à qual se chega por via empírica, dispensando filtragens filosofantes. A premissa de toda história humana é a existência de indivíduos humanos viventes. Neste fato concreto se funda o materialismo histórico.

O que distingue os indivíduos humanos é que produzem seus meios de vida, condicionados por sua organização corpórea e associados em agrupamentos. Os indivíduos humanos são tais como manifestam sua vida. O que são coincide com sua produção, tanto com o que produzem quanto com o *modo* como produzem. O que os indivíduos são depende, portanto, das condições materiais de sua produção.

É a partir daí que podem ser definidas as relações entre Ser e Consciência. Não é a consciência que determina a vida (posteriormente, Marx falará em *ser*), senão a vida é que determina a consciência. Esta não pode ser outra coisa que não o ser consciente e o ser consciente dos homens é o processo de sua vida real. Aqui se ascende da terra ao céu, ao contrário da filosofia alemã, que desce do céu sobre a terra. Aqui, parte-se do homem em carne e osso.

Para que os homens consigam fazer história, é absolutamente necessário, em primeiro lugar, que se encontrem em condições de poder viver; de poder comer, beber, vestir-se, alojar-se etc.

A satisfação das necessidades elementares cria necessidades novas e a criação de necessidades novas constitui o primeiro ato da história.

Em cada momento dado, os homens utilizam as forças produtivas de que dispõem e organizam formas de *intercâmbio* correspondentes. *Intercâmbio* ou *comércio* (no sentido lato de relacionamento) é a tradução da palavra alemã *Verkehr*, que Marx e Engels empregam em *A Ideologia Alemã*. Mais tarde, com o refinamento da terminologia marxiana, formas de intercâmbio (*Verkehrformen*) será substituído por relações de produção (*Produktionverhältnisse*).

A conjugação da produção material com a forma correspondente de intercâmbio constitui o *modo de produção*. Este se identifica com o que, na época, a literatura política chamava de *sociedade civil*. Ou seja, a esfera das necessidades materiais dos indivíduos, a esfera em que os indivíduos cuidam dos interesses particulares. Por conseguinte, o reino das relações econômicas. A sociedade civil é a base de toda história.

Surpreende que Pierre Vilar afirme que falta em *A Ideologia Alemã* o conceito central de modo de produção, donde uma visão sociológica bastante vaga e não suficientemente fundada. Se é verdade que o materialismo histórico se apresenta nesta obra em esboço, se é verdade que a terminologia sofrerá posterior refinamento, só pode ser atribuído a equívoco do historiador francês a suposição da ausência do conceito certamente central do materialismo histórico. Em diversas passagens de *A Ideologia Alemã*, fala-se em modo de produção com o mesmo significado que terá nas obras marxianas posteriores, conquanto sem o aprofundamento delas.

A história é, em primeiro lugar, a história da sociedade civil, não a história do Estado. As formas de intercâmbio a princípio se apresentam como condições da produção material. Mais tarde, convertem-se em travas desta produção. A forma de intercâmbio existente é substituída por outra nova, de acordo com as forças produtivas desenvolvidas. Em cada fase, as condições de intercâmbio correspondem ao desenvolvimento simultâneo das forças produtivas. A história se apresenta, assim, como sucessão de formas de intercâmbio e de modos de produção. Estava aí delineada já a lei da correspondência necessária entre as forças produtivas e as relações de produção, axial na concepção do materialismo histórico.

Dentro desta concepção, pela primeira vez sistematizada, é que Marx e Engels expõem uma síntese do desenvolvimento histórico, valendo-se dos conhecimentos positivos que a Historiografia da época lhes oferecia. Dão ênfase às mudanças de formas de propriedade, em conformidade com as mudanças das formas sociais de produção.

Apesar das falhas, decorrentes de insuficiências dos próprios autores, a exposição é brilhante e representou uma revolução historiográfica. Aqui e ali, certas afirmações podem até chocar pela simplificação. Como, por exemplo, para validar a tese da universalização dos vínculos econômicos pelo capitalismo, a afirmação de que a luta do povo alemão por sua independência, em 1813, resultou da escassez de café e açúcar provocada pelo bloqueio continental imposto por Napoleão. Em conjunto, não obstante, tem-se a primeira explicação geral do desenvolvimento da sociedade humana à luz do materialismo histórico. As idéias cardeais do rascunho serão difundidas, de maneira depurada e concisa, no *Manifesto do Partido Comunista*, publicado no início de 1848.

A história já aparece como história da luta de classes. É verdade que, em *A Ideologia Alemã*, o conceito de *classe social* ainda não está deslindado do conceito de *estamento*. Daí formulações como as de que a burguesia já era uma classe e não um simples estamento e de que, ao se desenvolverem, os estamentos se convertem em classes, o que só ocorreria na sociedade burguesa. No *Manifesto do Partido Comunista*, a indefinição é corrigida e o texto começa com a taxativa declaração de que a história sempre foi a história da luta de classes, remontada às lutas entre homens livres e escravos, na Antiguidade, e abrangente das lutas entre as categorias estamentais da sociedade feudal.

Numa passagem do manuscrito, que os autores riscaram, figura a tese de que "*(...) não conhecemos senão uma ciência, a da história*". A tese foi riscada provavelmente por ser fortíssima. Já havia o conhecimento humano chegado, em meados do século XIX, a um patamar de contínua autonomização, especialização e pluralização das ciências. Marx e Engels não pretenderiam refutar este processo, o que seria reacionário. Queriam, no entanto, proclamar a dialética (portanto, a história) em todas as regiões do real. Daí também escreverem, no trecho riscado, que a história pode ser examinada sob os dois aspectos de história da natureza e de história dos homens. Aspectos que se condicionam reciprocamente, desde que os homens começaram a existir e a agir sobre a natureza.

7. Da Divisão do Trabalho às Ilusões Ideológicas

Sob influência da leitura dos economistas, particularmente de Adam Smith, os autores de *A Ideologia Alemã* enfatizam a incidência da divisão do trabalho no desenvolvimento histórico. Primeiro, na comunidade tribal, a divisão do trabalho se baseia na diferença dos sexos. Depois, toma por base as diferenças de forças físicas entre os indivíduos de ambos os sexos. Com o surgimento da divisão entre cidade e campo, as imposições naturais se tornam secundárias e avultam as condições sociais propriamente ditas. A formação da classe dos comerciantes, separada dos produtores, faz avançar ainda mais o processo da divisão social do trabalho. Deste processo se origina a propriedade nas suas diversas formas, desde a propriedade comunal tribal até a propriedade privada burguesa. Divisão do trabalho e propriedade são termos idênticos.

A divisão do trabalho alcança um patamar superior quando se separam o trabalho manual do trabalho intelectual. Este último passa a ser função privilegiada de certo segmento da classe dominante, o qual se dedica a pensar. A tarefa exclusiva de pensar se enobrece, enquanto se envilecem as tarefas exigentes de esforço físico, entregues aos indivíduos das classes dominadas e exploradas.

Uma vez que a tarefa de pensar (isto é, de realizar elaborações intelectivas e de exercer a direção da sociedade) se torna privilégio de estreito círculo de indivíduos, isentos da obrigação do trabalho produtivo, a consciência destes indivíduos dominantes se entifica na idéia da Consciência substantivada e colocada no reino das abstrações imateriais. A Consciência entificada se imagina ser algo mais e algo distinto da prática existente. Imagina que representa *realmente* algo sem representar algo real. Desde este instante, acha-se a Consciência entificada em condições de emancipar-se (ficticiamente) do mundo e entregar-se à criação da teoria "pura", da teologia "pura", da moral e da filosofia "puras" etc. Perde-se de vista o substrato material de tais criações e são elas que parecem propulsoras do desenvolvimento material.

Dentro da própria classe dominante, observa-se a divisão entre seus membros *ativos*, ocupados com a prática da dominação, e seus membros *intelectuais*, encarregados de elaborações ideológicas. Ou seja, da criação de ilusões sobre a dominação de classe à qual pertencem. Pode-se dar até que membros ativos e membros intelectuais da classe dominante entrem em discordâncias, mas estas se desvanescem assim que a classe em conjunto vê ameaçadas as bases de sua supremacia.

Desvendadas a origem e a formação da ideologia e do idealismo filosófico em particular, Marx e Engels podem ir muito mais longe do que Feuerbach na crítica a Hegel. Na filosofia da história deste último, as idéias são o fator dominante no devenir histórico e, por antonomásia, das idéias diversas e sucessivas se abstrai a Idéia Absoluta. A filosofia especulativa de Hegel considera somente o autodesenvolvimento do conceito, processo que se realiza imune às determinações da vida material concreta. Na história, o que Hegel vê é a *"verdadeira teodicéia"*.

Separadas as idéias dos indivíduos dominantes, que as pensam, e estabelecidos elos místicos, os quais aparecem como autodeterminações espirituais, torna-se possível compor uma Historiografia idealista. Por sua vez, esta Historiografia nutre de ilusões os ideólogos em geral, não só os filósofos, mas também os juristas e políticos, inclusive os estadistas práticos. As relações existentes entre os homens não se determinam pelo que eles são e fazem na vida material concreta, porém derivam do conceito de homem, do homem imaginário, da essência imponderável e imutável do homem, enfim, do homem por antonomásia, por depuração e idealização metafórica.

8. Estado e Classe Dominante

A partir desta análise da formação social das ideologias, Marx e Engels revolucionaram a teoria política. Pela primeira vez na história das idéias políticas, o Estado deixou de ser conceituado como entidade representativa dos interesses gerais e comuns da sociedade. Marx e Engels indicaram a vinculação do Estado aos interesses de determinada classe social, isto é, aos interesses da classe dominante.

Introdução

Com a divisão do trabalho, dá-se uma separação entre o interesse particular e o interesse comum. Os atos próprios dos indivíduos se erguem diante deles como poder alheio e hostil, que os subjuga. O interesse comum se erige encarnado no Estado. Autonomizado e separado dos reais interesses particulares e coletivos, o Estado se impõe na condição de comunidade dos homens. Mas é uma comunidade ilusória, pois o Estado, por baixo das aparências ideológicas de que necessariamente se reveste, está sempre vinculado à classe dominante e constitui o seu órgão de dominação. Por conseqüência, as lutas de classe, que dilaceram a sociedade civil, devem tomar a forma de lutas políticas. De lutas travadas sobre o terreno do Estado enquanto poder geral e representante superior da própria sociedade civil.

Não é o Estado que cria a sociedade civil, conforme pretendia Hegel. Ao contrário, é a sociedade civil que cria o Estado. A sociedade civil é o verdadeiro lar e cenário da história. Abarca todo o intercâmbio material entre os indivíduos, numa determinada fase do desenvolvimento das forças produtivas.

A fim de evitar sua dissolução pelas contradições de classe, a sociedade civil deve se condensar no Estado e se apresentar enquanto Estado. Isto é, enquanto ilusão de um interesse comum sobreposto às contradições de classe e capaz de encobrir a dominação de uma classe sobre as outras.

A força multiplicada decorrente da cooperação entre os homens gera um poder social que adquire a forma do Estado e aparece a estes homens não como poder deles próprios, porém como poder alienado, à margem dos homens e fora do alcance do seu controle.

Somente nesta passagem de *A Ideologia Alemã* se utiliza o termo *alienação*, tão freqüente nas obras anteriores de Marx, principalmente nos *Manuscritos Econômico-Filosóficos de 1844*. E, mesmo nesta passagem, os autores declaram que só falam de alienação para se tornarem compreensíveis aos filósofos. Tal declaração anuncia que os autores não mais se consideram epígonos de Hegel, mas fundam novo método de pensar e novo campo do saber, possuidor também de nova terminologia.

Principalmente com a aceitação da teoria do valor-trabalho de Ricardo, tornada explícita logo depois em *Miséria da Filosofia*, o conceito de alienação deixou de ser o eixo do sistema categorial marxiano. Dele não desapareceu, contudo. Em certos casos com a denominação de fetichismo, ganhou o conteúdo materialista das relações concretas entre os homens.

Assim como o Estado é o Estado da classe dominante, *as idéias da classe dominante são as idéias dominantes em cada época*. A classe que exerce o poder material dominante na sociedade é, ao mesmo tempo, seu poder espiritual dominante. Mas os enlaces das idéias dominantes com a classe dominante se obscurecem. As idéias dominantes parecem ter validade para toda a sociedade, isto é, também para as classes submetidas e dominadas. Forja-se a ilusão histórica de que cada época da vida social resulta não de determinados interesses materiais de uma classe, mas de idéias abstratas como as de honra e lealdade (na sociedade aristocrática) e as de liberdade e igualdade (na sociedade burguesa).

9. Visão Científica do Comunismo

Toda classe que aspira a implantar sua dominação deve começar pela conquista do poder do Estado a fim de apresentar seu interesse particular com o aspecto de interesse geral. De semelhante exigência não se excetua o proletariado, que objetiva a abolição de todas as formas de dominação e exploração. A classe revolucionária demonstra seu caráter revolucionário de antemão, já pelo fato de contrapor-se a uma classe não como outra classe, senão como representante de toda a massa da sociedade ante a classe única, a classe dominante. Aqui, já temos a tese de tanta importância para a teoria política do marxismo acerca da hegemonia do proletariado, acerca do seu papel de direção de todos os oprimidos e explorados contra o domínio burguês.

O proletariado conquista o Estado para libertar a sociedade da tutela do Estado. Esta tutela se torna um poder intolerável diante da massa da humanidade absolutamente despossuída e em antagonismo com o mundo das riquezas.

Com a regulação comunista da produção e a anulação do comportamento dos homens diante dos seus produtos como diante de algo estranho a eles, anula-se o poder da concorrência mercantil. Esboçada em *A Ideologia Alemã*, a tese será desenvolvida no célebre trecho do primeiro capítulo de *O Capital*, que trata do fetichismo da mercadoria.

O comunismo significará a eliminação do *trabalho*. O termo é entendido por trabalho forçado, conforme o impunha aos homens a divisão obrigatória do trabalho. O homem da sociedade comunista – o homem total – será capaz de transitar livremente de uma tarefa a outra.

De ser pescador, caçador, pastor e crítico. De exercer, sem coações, as tarefas do trabalho manual e do trabalho intelectual.

O proletariado só pode existir num plano histórico-mundial. Do mesmo modo, o comunismo só ganha realidade como existência histórico-mundial.

Comunismo não é um *estado* a ser implantado, um *ideal* a que se sujeitará a realidade, o ponto ômega de uma teleologia. Comunismo é o movimento *real*, que anula e supera o estado de coisas atual. Marx e Engels criticam a impotência do socialismo utópico, proponente de planos de sociedades perfeitas, cuja realização depende da boa vontade dos indivíduos, sem relação com o estado geral da sociedade existente e com as lutas políticas oriundas na luta de classes.

Não se trata mais de propor, de cima para baixo, o plano da sociedade do futuro, porém de incentivar e fortalecer o movimento real do proletariado e de todos os oprimidos. O movimento *político* que ganhará a força concreta para abolir a dominação burguesa.

Por conseguinte, *A Ideologia Alemã* é a obra que marca a transição do socialismo utópico para o socialismo científico. Do socialismo de Saint-Simon, Fourier e Owen, de Proudhon e Blanqui, para o socialismo de Marx e Engels, apoiado na teoria do materialismo histórico. A partir desta teoria da ciência social, será traçada uma estratégia completamente nova da luta do proletariado. Desprendida das idéias utópicas despolitizantes, a luta do proletariado deverá tornar-se primordialmente luta política.

Introdução

10. Do Materialismo Contemplativo ao Materialismo Prático

A Ideologia Alemã assinala o nascimento do novo materialismo, associado aos nomes de Marx e Engels – o materialismo dialético e histórico.

O novo materialismo se desentranha da crítica ao materialismo de Feuerbach, cuja influência foi decisiva para que Marx e Engels dessem o passo da *superação* radical da filosofia hegeliana.

Como se constata mais uma vez, o processo discursivo conducente ao surgimento do materialismo marxista se desenvolve sobre uma base cultural definida. Sem esta base, surgiria qualquer outra coisa e não o materialismo dialético. Ao contrário do que pretende Althusser, Marx e Engels não passaram de uma estrutura fechada (a filosofia idealista alemã numa de suas variantes) para outra estrutura fechada (o materialismo dialético). O que eles fizeram foi trabalhar a matéria discursiva existente e partir dela para sucessivas transições organicamente relacionadas. Por conseguinte, houve uma dialética de transições intelectivas. Por sua vez, as transições intelectivas não eram estranhas às lutas políticas circundantes, mas impulsionadas por elas. Como já foi dito, o principal fator dinâmico da evolução do pensamento marxiano residiu na idéia do papel revolucionário do proletariado. Por isso mesmo – repito e sublinho –, Marx e Engels criaram sua filosofia e sua concepção da história *de dentro* do movimento operário, já enquanto intelectuais *orgânicos* da classe operária.

A crítica direta a Feuerbach está presente em poucas páginas da primeira parte de *A Ideologia Alemã* e nas *Teses sobre Feuerbach*. Ambos os escritos permaneceram inéditos em vida de Marx, conforme já vimos. A análise sistemática veio com a obra de Engels *Ludwig Feuerbach e o Fim da Filosofia Clássica Alemã*.

O materialismo do autor de *A Essência do Cristianismo* padecia do mesmo defeito de todo materialismo até então: o de só apreender o mundo sensível enquanto objeto ou intuição e não como atividade humana concreta, como prática. Por isso, este materialismo *contemplativo* se satisfazia enquanto teoria. Contentava-se em ver o mundo na sua imutabilidade, sem conceber que se tratava de transformá-lo.

Daí que – escreveu Marx na primeira tese sobre Feuerbach, numa passagem de rara relevância –, o aspecto *ativo* (do homem) tinha sido desenvolvido pelo idealismo em oposição ao materialismo. O que o idealismo só fez de maneira abstrata, uma vez que não conhece a atividade real, concreta. Nesta passagem há o registro do mérito fundamental do idealismo clássico alemão, da corrente filosófica de Kant, Fichte e Hegel, ao tempo em que é apontada sua natureza puramente intelectiva.

Em *A Ideologia Alemã*, Marx e Engels se dizem materialistas *práticos* no mesmo sentido em que se dizem comunistas. Prático se opõe a contemplativo. Enquanto o materialista prático tem o compromisso de revolucionar o mundo existente, Feuerbach sustenta que o ser do homem é sua essência. Assim, o ser humano se satisfaz com esta essência, uma vez recuperada da alienação religiosa. Em vez da dialética revolucionária, a abstração do imutável.

O materialismo de Feuerbach se manifesta na concepção do homem como ser corpóreo, ser natural. É um materialismo ausente no âmbito em que o homem é ser social e faz história. No âmbito da vida social do homem, Feuerbach exibe um idealismo ingênuo e trivial. Na sua filosofia, materialismo e história estão completamente divorciados. Como Engels depois afirmou, Feuerbach era materialista embaixo, defrontado com a natureza, mas idealista por cima, defrontado com a sociedade humana.

Apesar do seu materialismo, Feuerbach faz do homem um conceito abstrato. É o homem biológico, puro ser da natureza. As supremas relações humanas são as do amor e da amizade. Relações idealizadas, que nada têm a ver com as relações sociais históricas.

Acontece que o homem, justamente pelo caráter de ser social, mantém uma relação ativa com a natureza (não uma relação meramente fisiológica). Tal como a conhecemos hoje, a natureza já não é a original. Foi transformada pelo homem. O que não exclui a prioridade da natureza exterior dos pontos de vista ontológico e epistemológico. Só que esta prioridade não deve impedir o reconhecimento do homem enquanto ser ativo. Enquanto ser distinto da natureza da qual emerge.

Na oitava tese sobre Feuerbach, escreveu Marx que a vida social é essencialmente prática. Os mistérios, que desviam a teoria para o misticismo, encontram solução racional na prática humana e na sua compreensão. Portanto, nos momentos do *agir* e do *pensar* interligados. Se a prática é critério da verdade objetiva para o materialismo dialético, daí não se segue a confusão deste com alguma espécie de pragmatismo. Trata-se de transformar o mundo, conforme a undécima e mais célebre das teses. Mas a transformação do mundo implica e pressupõe a interpretação correta deste mesmo mundo. A prática é fonte, impulso e sanção epistemológica da teoria. Condensação e guia da prática, a teoria se converte em força da história.

Até então, o materialismo tinha sido contemplativo, pura teoria. O novo materialismo de Marx e Engels é crítico e revolucionário. Da filosofia de Hegel extraiu seu núcleo racional – a dialética. Nos quadros do sistema hegeliano, a dialética se submetia a mistificações especulativas. Na concepção materialista, identificou-se ao devenir real da natureza e da história. Perdeu o caráter especulativo, desfez-se das construções arbitrárias requeridas pela cosmovisão idealista. Em vez disso, converteu-se em método de pensar o real, pois adequado ao real. Severa disciplina do pensar que objetiva reproduzir conceitualmente o real na totalidade inacabada dos seus elementos e processos.

Jacob Gorender

Bibliografia

Althusser, Louis. *Pour Marx*. Paris, Maspero, 1967.
Bukharin, Nikolai I. *La Théorie du Matérialisme Historique*. Paris, Anthropos, 1967.
Engels, Friedrich. "Esbozo de Crítica de la Economia Política". In Marx e Engels. *Escritos Económicos Varios*. México, Grijalbo, 1966.
Engels, Friedrich. "Contribución a la Historia de la Liga de los Comunistas". In Marx e Engels. *Obras Escogidas*. Tomo II. Moscou, Ediciones en Lenguas Extranjeras, 1952.
———. "Ludwig Feuerbach y el Fin de la Filosofia Clasica Alemana". *Ibid*.

——. "Cartas". *Ibid.* (Ver cartas a J. Bloch, K. Schmidt, F. Mehring e H. Starkenburg).

Feuerbach, Ludwig. *La Essencia del Cristianismo. Crítica Filosófica de la Religion.* Buenos Aires, Ed. Claridad, 1941.

Fontana, Josep. *Historia: Análisis del Pasado, y Proyecto Social.* Barcelona, Editorial Crítica, 1982.

Gramsci, Antonio. *Il Materialismo Storico e la Filosofia de Benedetto Croce.* Turim, Einaudi, 1940.

——. *Gli Intelletuali e l'Organizzazione de la Cultura.* Turim, Einaudi, 1949.

Hegel, G. F. W. *Ciencia de la Lógica.* Buenos Aires, Hachette, 1956.

——. *La Phénoménologie de l'Esprit.* Paris, Aubier, 1939.

——. *Lineas Fundamentales de la Filosofia del Derecho.* Buenos Aires, Claridad, 1939.

——. *The Philosophy of History.* Nova York, Dover Publications, 1956.

——. *Leçons sur l'Histoire de la Philosophie.* Paris, Gallimard, 1954.

Kant, Immanuel. *Critique de la Raison Pratique.* Paris, Presses Universitaires de France, 1949.

——. *Fundamentação da Metafísica dos Costumes.* São Paulo, Companhia Editora Nacional, 1964.

Lenin, V. I. "Qué Hacer?". In *Obras Escogidas.* Tomo I. Moscou, Ediciones em Lenguas Extrangeras, 1948.

Lenk, Kurt. *El Concepto de Ideologia.* Buenos Aires, Amorrortu, 1974.

Lukács, Georg. *Histoire et Conscience de Classe.* Paris, Éditions du Minuit, 1960.

Mac Lellan, David. "A Concepção Materialista da História". In *História do Marxismo.* Tomo I. Rio de Janeiro, Paz e Terra, 1980.

Mannheim, Karl. *Ideologia e Utopia. Introdução à Sociologia do Conhecimento.* Porto Alegre, Globo, 1956.

Marx, Karl. "Différence de la Philosophie de la Nature Chez Démocrite et Épicure". In *Oeuvres Complètes*. Tomo I. Paris, Costes, 1946.

———. "Contribution à la Critique de la Philosophie du Droit de Hegel". *Ibid*.

———. "La Question Juive". *Ibid*.

———. "Critica della Filosofia Hegeliana Del Diritto Pubblico". In *Opere Filosofiche Giovanili*. Roma, Rinascita, 1950.

———. "Manoscritti Economico-Filosofici de 1844". *Ibid*.

———. *Miséria da Filosofia. Resposta à Filosofia da Miséria do Sr. Proudhon*. São Paulo, Ciências Humanas, 1982.

———. *Para a Crítica da Economia Política*. (Prefácio). Coleção Os Economistas. São Paulo, Abril Cultural, 1982.

Marx, Karl e Engels, Friedrich. *The Holy Family or Critique of Critical Critique*. Moscou, Foreign Languages Publishing House, 1956.

———. *La Ideologia Alemana*. Montevidéu, Pueblos Unidos, 1958.

———. *Manifeste du Partie Comuniste*. Paris, Éditions Sociales, 1962.

Vilar, Pierre. "Marx e a História". In *História do Marxismo*. Tomo I. *Op. cit*.

Cronologia

1817. Agitação nacional e liberal na Alemanha.
1817. 5 de maio: Nasce Karl Marx, em Trier. Seu pai é advogado.
1820. 28 de novembro: Nasce Friedrich Engels, em Barmen, onde seu pai é dono de uma empresa têxtil.
1830. Revolução de julho na França. Luís Filipe substitui Carlos X. Na Polônia e na Alemanha há repressão aos movimentos.
1835. Marx inicia seus estudos superiores em Bonn e os prossegue em Berlim, onde freqüenta o círculo dos Jovens hegelianos.
1836. A partir da Liga dos Banidos, a Liga dos Justos é fundada pelos operários e artesãos alemães em Paris.
1840. Sobe ao trono Frederico-Guilherme IV da Prússia.
1841. Marx se torna doutor em filosofia. Engels, que presta serviço militar em Berlim, liga-se aos Jovens hegelianos
1842. Marx inicia sua atividade jornalística, como redator-chefe do *Rheinische Zeitung*, jornal fundado em Colônia pelos líderes da burguesia liberal renana. Marx imprime ao jornal um tom radical de

esquerda. Em 2 de novembro, tem um primeiro encontro com Engels.

1843. *O Reinische Zeitung* sofre interdição. Marx rompe com os Jovens hegelianos. Casa-se com Jenny von Westphalen, amiga de infância, filha de aristocratas reacionários, e vai para Paris. Colabora com os Anais franco-alemães, dirigidos por Ruge. Período feuerbachiano de Marx. *Contribuição à crítica da filosofia do direito de Hegel; A questão judaica.*

1844. Revolta dos tecelões da Silésia. Em agosto, segundo encontro com Engels, selando uma amizade e colaboração duradouras. Período comunista-utópico de Marx. "Manuscritos de 44" (inéditos até 1932).

1844-1845. Redação de *A Sagrada Família*, publicada em fevereiro de 1845.

1845. Marx é expulso de Paris, refugia-se em Bruxelas, onde se encontra com Engels. Redação das *teses sobre Feuerbach* e, com Engels e Hess, de *A ideologia alemã*. No final de maio, Engels publica na inglaterra *A situação da classe trabalhadora na Inglaterra*.

1847. Marx redige *Miséria da filosofia*, como réplica à obra de Proudhon *Sistema das contradições econômicas ou filosofia da miséria*. A Liga dos justos transforma-se na Liga dos comunistas, que realiza neste mesmo ano seus dois primeiros congressos. Marx funda em Bruxelas a Associação operária alemã, onde faz uma conferência sobre *Trabalho assalariado e capital*.

1848. Período revolucionário generalizado na Europa. Na França, a república é proclamada. Em Colônia, Marx funda a *Neue Reinische Zeitung*, que se dis-

solve após o esmagamento da sublevação das províncias renanas. Marx refugia-se em Londres, onde irá viver por mais de trinta anos.
1852. *O 18 Brumário de Luís-Napoleão Bonaparte.*
1859. *Contribuição à crítica da economia política.*
1864. É fundada em Londres a Primeira Internacional Comunista.
1867. Livro I de *O Capital.*
1871. *A guerra civil na França.*
1875. *Crítica do programa de Gotha.*
1883. Morre Karl Marx.

Nota Desta Edição

A presente edição baseia-se na tradução e no aparelho crítico de Renée Cartelle e Gilbert Badia elaborados para Éditions Sociales, Paris. O texto da tradução brasileira foi confrontado por Mauro de Queiroz com o texto alemão de "Die deutsche Ideologie" (Erster teil) publicado pela mesma editora.

O Editor

A IDEOLOGIA ALEMÃ

Prefácio

Até agora, os homens sempre tiveram idéias falsas a respeito de si mesmos, daquilo que são ou deveriam ser. Organizaram suas relações em função das representações que faziam de Deus, do homem normal etc. Esses produtos de seu cérebro cresceram a ponto de dominá-los completamente. Criadores, inclinaram-se diante de suas próprias criações. Livremo-los, pois, das quimeras, das idéias, dos dogmas, dos seres imaginários, sob o jugo dos quais eles se estiolam. Revoltemo-nos contra o domínio dessas idéias. Ensinemos os homens a trocar essas ilusões por pensamentos correspondentes à essência do homem, diz alguém; a ter para com elas uma atitude crítica, diz outro; a tirá-las da cabeça, diz o terceiro[1] e – a realidade atual desmoronará.

Esses sonhos inocentes e pueris formam o núcleo da filosofia atual dos Jovens-Hegelianos, que, na Alemanha, não somente é acolhida pelo público com um misto de respeito e medo, mas também é apresentada pelos próprios *heróis filosóficos* com a convicção solene de que essas idéias, de uma virulência criminosa, constituem para o mundo um perigo revolucionário. O primeiro tomo desta obra se propõe a desmascarar esses cordeiros que se consideram, e são considerados, como lobos; mostrar que seus balidos só fazem repetir, em linguagem filosófica, as representações dos burgueses alemães, e que as fanfarronadas desses comentaristas filosóficos só fazem refletir a irrisória pobreza da realidade alemã. Propõe-se ridicularizar e desacreditar esse combate filosófico contra a penumbra da realidade, propícia à sonolência habitada por sonhos em que o povo alemão se compraz.

Há pouco tempo, um homem de bom senso imaginava que as pessoas se afogavam unicamente porque eram possuídas pela *idéia da gravidade*. Tão logo tirassem da cabeça essa representação, declarando, por exemplo, ser uma representação religiosa, supersticiosa, estariam a salvo de qualquer risco de afogamento. Durante toda a sua vida, ele lutou contra a ilusão da gravidade, cujas conseqüências nocivas as estatísticas lhe mostravam, através de numerosas e repetidas provas. Esse bom homem era o protótipo dos modernos filósofos revolucionários alemães[2].

FEUERBACH

Oposição entre a Concepção Materialista e a Idealista

INTRODUÇÃO

A darmos crédito a certos teóricos alemães, a Alemanha teria sido, nestes últimos anos, o palco de uma transformação sem precedente. O processo de decomposição do sistema hegeliano iniciado com Strauss[1] levou a uma fermentação geral, a que foram impelidas todas as "potências do passado". Em meio a esse caos universal, poderosos impérios se formaram para logo ruírem; heróis efêmeros surgiram e foram, por sua vez, lançados nas trevas por rivais mais audaciosos e poderosos. Foi uma revolução diante da qual a Revolução Francesa não passou de uma brincadeira de criança, foi uma luta mundial que faz parecerem mesquinhos os combates dos Diádocos[2]. Os valores foram substituídos, os heróis do pensamento derrubaram-se uns aos outros com uma rapidez inaudita e, em três anos, de 1842 a 1845, arrasaram a Alemanha mais do que se faria em qualquer outro lugar em três séculos.

E tudo isso teria acontecido no domínio do pensamento puro.

Trata-se, na verdade, de um acontecimento interessante: o processo de decomposição do espírito absoluto. Ao se extinguir sua última centelha de vida, os diversos elementos desse *captu mortuum*[3] entraram em decomposição, formaram novas combinações e constituíram novas substâncias. Os industriais da filosofia, que tinham até então vivido da exploração do espírito absoluto, lançaram-se sobre essas novas combinações. E cada um se desdobrava com um zelo nunca visto para desempenhar a parte recebida. Mas não podia deixar de haver concorrência. No começo, esta concorrência foi praticada de maneira bastante séria e burguesa. Mais tarde, quando o mercado alemão ficou saturado e, apesar de todos os esforços, foi impossível escoar a mercadoria no mercado mundial, o negócio foi deturpado, como é comum na Alemanha, por uma falsa produção de bugigangas, pela alteração da qualidade, pela adulteração da matéria-prima, pela falsificação dos rótulos, por vendas fictícias, pelo tráfico de influência e por um sistema de crédito sem qualquer base concreta. Essa concorrência deu origem a uma luta encarniçada que, agora, nos é apresentada e enaltecida como uma revolução histórica, cujos resultados e conquistas teriam sido os mais prodigiosos.

Mas, para apreciar em seu justo valor toda essa charlatanice filosófica, que chega a despertar no coração do honesto burguês alemão um agradável sentimento nacional, para se ter uma idéia concreta da mesquinhez, do espírito provinciano e limitado de todo esse movimento jovem-hegeliano, e especialmente do contraste tragicômico entre as façanhas reais desses heróis e suas ilusões a respeito delas, é necessário examinar até o fim todo esse estardalhaço de uma perspectiva fora da Alemanha[4].

A. A IDEOLOGIA EM GERAL E EM PARTICULAR A IDEOLOGIA ALEMÃ

Mesmo em seus mais recentes esforços, a crítica alemã não deixou o terreno da filosofia. Longe de examinar suas bases filosóficas gerais, todas as questões, sem exceção, que ela formulou para si brotaram do solo de um sistema filosófico determinado, o sistema hegeliano. Não só em suas respostas, mas também nas próprias questões, havia uma mistificação. Essa dependência de Hegel é a razão pela qual não encontraremos um só crítico moderno que tenha sequer tentado fazer uma crítica de conjunto ao sistema hegeliano, embora cada um jure ter ultrapassado Hegel. A polêmica que travam contra Hegel e entre si mesmos limita-se ao seguinte: cada um isola um aspecto do sistema hegeliano e o faz voltar-se ao mesmo tempo contra todo o sistema e contra os aspectos isolados pelos outros. Começou-se por escolher categorias hegelianas puras, não-falsificadas, tais como a Substância, a Consciência de si, para mais tarde profanarem-se essas mesmas categorias, com termos mais temporais, como o Gênero, o Único, o Homem etc.

Toda a crítica filosófica alemã, de Strauss a Stirner, limita-se à crítica das representações *religiosas*[1]. Partiu-se da religião real e da teologia propriamente dita. O que se entendia por consciência religiosa, por representação religiosa, recebeu, posteriormente, determinações diversas. O progresso consistia em subordinar também à esfera das representações religiosas ou teológicas as representações metafísicas, políticas, jurídicas, morais e outras, supostamente predominantes; ao mesmo tempo, proclamava-se a consciência política, jurídica e moral como consciência religiosa ou teológica, e o homem político, jurídico e moral, "o homem" em última instância, como religioso. Postulou-se o domínio da religião. E, pouco a pouco, toda relação dominante foi declarada como relação religiosa e transformada em culto: culto do direito, culto do Estado etc. Por toda parte só importavam os dogmas e a fé nos dogmas. O mundo foi canonizado numa escala cada vez maior, até que o venerado São Max* pôde canonizá-lo *en bloc*[2] e liquidá-lo de uma vez por todas.

Os velhos hegelianos tinham *compreendido* tudo desde que tinham reduzido tudo a uma categoria da lógica hegeliana. Os jovens hegelianos *criticaram* tudo, substituindo cada coisa por representações religiosas ou proclamando-a como teológica. Jovens e velhos hegelianos estão de acordo em acreditar que a religião, os conceitos e o Universal reinavam no mundo existente. A única diferença é que uns combatem, como se fosse usurpação, o domínio que os outros celebram como legítimo.

---

* Referência irônica a Max Stirner. (N. do R. T.)

Para os jovens hegelianos, as representações, idéias, conceitos, enfim, os produtos da consciência aos quais eles próprios deram autonomia, eram considerados como verdadeiros grilhões da humanidade, assim como os velhos hegelianos proclamavam ser eles os vínculos verdadeiros da sociedade humana. Torna-se assim evidente que os jovens hegelianos devem lutar unicamente contra essas ilusões da consciência. Como, em sua imaginação, as relações dos homens, todos os seus atos e gestos, suas cadeias e seus limites são produtos da sua consciência, coerentes consigo próprios, os jovens hegelianos propõem aos homens este postulado moral: trocar a sua consciência atual pela consciência humana, crítica ou egoísta e, assim fazendo, abolir seus limites. Exigir assim a transformação da consciência equivale a interpretar de modo diferente o que existe, isto é, reconhecê-lo por meio de uma outra interpretação. Apesar de suas frases pomposas, que supostamente "revolucionam o mundo", os ideólogos da escola jovem-hegeliana são os maiores conservadores. Os mais jovens dentre eles acharam a expressão exata para qualificar sua atividade, ao afirmarem que lutam unicamente contra uma "*fraseologia*". Esquecem no entanto que eles próprios opõem a essa fraseologia nada mais que outra fraseologia e que não lutam de maneira alguma contra o mundo que existe realmente ao combaterem unicamente a fraseologia desse mundo. Os únicos resultados a que pôde chegar essa crítica filosófica foram alguns esclarecimentos histórico-religiosos – e assim mesmo de um ponto de vista muito restrito – sobre o cristianismo; todas as suas outras afirmações não passam de novas maneiras de revestir de ornamentos suas pretensões de terem revelado descobertas de um grande alcance histórico – a partir de esclarecimentos insignificantes.

Nenhum desses filósofos teve a idéia de se perguntar qual era a ligação entre a filosofia alemã e a realidade alemã, a ligação entre a sua crítica e o seu próprio meio material.

As premissas de que partimos não são bases arbitrárias, dogmas; são bases reais que só podemos abstrair na imaginação. São os indivíduos reais, sua ação e suas condições materiais de existência, tanto as que eles já encontraram prontas, como aquelas engendradas de sua própria ação. Essas bases são pois verificáveis por via puramente empírica.

A primeira condição de toda a história humana é, naturalmente, a existência de seres humanos vivos[3]. A primeira situação a constatar é, portanto, a constituição corporal desses indivíduos e as relações que ela gera entre eles e o restante da natureza. Não podemos, naturalmente, fazer aqui um estudo mais profundo da própria constituição física do homem, nem das condições naturais, que os homens encontraram já prontas, condições geológicas, orográficas, hidrográficas, climáticas e outras[4]. Toda historiografia deve partir dessas bases naturais e de sua transformação pela ação dos homens, no curso da história.

Pode-se distinguir os homens dos animais pela consciência, pela religião e por tudo o que se queira. Mas eles próprios começam a se distinguir dos animais logo que começam a *produzir* seus meios de existência, e esse passo à frente é a própria conseqüência de sua organização corporal. Ao produzirem seus meios de existência, os homens produzem indiretamente sua própria vida material.

A maneira como os homens produzem seus meios de existência depende, antes de mais nada, da natureza dos meios de existência já encontrados e que eles precisam reproduzir. Não se deve considerar esse modo de produção sob esse único ponto de vista, ou seja, enquanto reprodução da existência física dos indivíduos. Ao contrário, ele representa, já, um modo determinado da atividade desses indivíduos, uma maneira determinada de manifestar sua vida, um *modo de vida* determinado. A maneira como os indivíduos manifestam sua vida reflete exatamente o que eles são. O que eles são coincide, pois, com sua produção, isto é, tanto com *o que* eles produzem quanto com a maneira *como* produzem. O que os indivíduos são depende, portanto, das condições materiais da sua produção.

Essa produção só aparece com o *aumento da população*. Esta pressupõe, por sua vez, o intercâmbio[5] dos indivíduos entre si. A forma desses intercâmbios se acha, por sua vez, condicionada pela produção.

As relações entre as diferentes nações dependem do estágio de desenvolvimento em que cada uma delas se encontra, no que concerne às forças produtivas, à divisão do trabalho e às relações internas. Este princípio é universalmente reconhecido. Entretanto, não só as relações entre uma nação e outra, mas também toda a estrutura interna de cada nação, dependem do nível de desenvolvimento de sua produção e de seus intercâmbios internos e externos. Reconhece-se da maneira mais patente o grau de desenvolvimento alcançado pelas forças produtivas de uma nação pelo grau de desenvolvimento alcançado pela divisão do trabalho. Na medida em que esta divisão do trabalho não é mera extensão quantitativa das forças produtivas já conhecidas anteriormente (o aproveitamento de terras incultas, por exemplo), qualquer força produtiva nova traz como conseqüência um novo aperfeiçoamento da divisão do trabalho.

A divisão do trabalho no interior de uma nação gera, antes de mais nada, a separação entre trabalho industrial e comercial, de um lado, e trabalho agrícola, de outro; e, com isso, a separação entre a *cidade* e o *campo* e a oposição de seus interesses. Seu desenvolvimento posterior leva à separação do trabalho comercial e do trabalho industrial. Ao mesmo tempo, pela divisão do trabalho no interior dos diferentes ramos constata-se, por sua vez, o desenvolvimento de diversas subdivisões entre os indivíduos que cooperam em trabalhos determinados. A posição de cada uma dessas subdivisões particulares em relação às outras é condicionada pelo modo de exploração do trabalho agrícola, industrial e comercial (patriarcado, escravatura, ordens e classes). Essas mesmas relações aparecem quando as trocas são mais desenvolvidas nas relações entre as diversas nações.

Os diversos estágios de desenvolvimento da divisão do trabalho representam outras tantas formas diferentes da propriedade; em outras palavras, cada novo estágio da divisão do trabalho determina, igualmente, as relações dos indivíduos entre si no tocante à matéria, aos instrumentos e aos produtos do trabalho.

A primeira forma da propriedade é a propriedade tribal[6]. Ela corresponde àquele estágio rudimentar da produção em que um povo se alimenta da caça e da pesca, do pastoreio ou, eventualmente, da agricultura. Neste último caso, isso pressupõe uma grande quantidade de terras incultas. Nesse estágio, a divisão do trabalho é ainda muito pouco desenvolvida e representa apenas uma extensão maior da divisão natural que ocorre na família. A estrutura social se limita, por isso mesmo, a uma extensão da família: chefes da tribo patriarcal, abaixo deles os membros da tribo e os escravos. A escravidão latente na família só se desenvolve paulatinamente com o aumento da população e das necessidades, com a extensão dos intercâmbios externos, tanto da guerra como do comércio.

A segunda forma da propriedade é a propriedade comunal e propriedade do Estado, encontrada na Antiguidade e proveniente sobretudo da reunião de várias tribos em uma única *cidade*, por contrato ou por conquista, e na qual subsiste a escravidão. Ao lado da propriedade comunal, já se desenvolve a propriedade privada, mobiliária e, mais tarde, imobiliária, mas de modo limitado e subordinada à propriedade comunal. Apenas coletivamente os cidadãos exercem seu poder sobre os escravos que trabalham, o que então os liga à forma da propriedade comunal. Essa forma é a propriedade privada do conjunto dos cidadãos ativos, obrigados, diante dos escravos, a conservar essa forma natural de associação. É por isso que toda a estrutura social nessa forma de associação se desagrega à medida que se desenvolve a propriedade privada, particularmente a imobiliária, e com ela se desagrega também o poder do povo. A divisão do trabalho já aparece, aqui, mais avançada. Encontramos, então, a oposição entre cidade e campo e, mais tarde, a oposição entre os Estados que representam o interesse das cidades e aqueles que representam o interesse dos campos. E vamos encontrar, no interior das próprias cidades, a oposição entre o comércio marítimo e a indústria. As relações de classes entre cidadãos e escravos alcançaram seu pleno desenvolvimento.

A existência da conquista parece estar em contradição com toda essa concepção da história. Até agora, fez-se da violência, da guerra, da pilhagem, do banditismo etc., a força motriz da história. Somos forçados, aqui, a nos limitarmos aos pontos capitais; por isso tomamos apenas o exemplo muito eloqüente da destruição de uma velha civilização por um povo bárbaro e a conseqüente formação de uma nova estrutura social, que recomeça a partir de zero. (Roma e os bárbaros, o feudalismo e a Gália, o Baixo-Império e os Turcos.) Para o povo bárbaro conquistador, a própria guerra ainda é, como indicamos anteriormente, um modo normal de intercâmbio praticado com maior empenho à medida que o crescimento da população cria, de maneira mais imperiosa, a necessidade de novos meios de produção, visto que o modo de produção tradicional e rudimentar é o único possível para esse povo. Na Itália, ao contrário, assiste-se à concentração da propriedade fundiária, realizada por herança, por compra e pagamento de dívida, uma vez que a extrema dissolução dos costumes e a raridade dos casamentos provocavam a extinção progressiva das velhas famílias, passando seus bens para as mãos de poucos. Além do mais, essa propriedade fundiária transformou-se em pastagens, transformação esta provocada não só pelas causas econômicas comuns, válidas ainda em nossos dias, como pela importação de cereais pilhados ou exigidos a título de tributo e também pela conseqüente falta de consumidores para o trigo italiano.

Nessas circunstâncias, a população livre tinha desaparecido quase completamente, os próprios escravos estavam em processo de extinção, e tinham de ser constantemente substituídos. O escravismo continuou sendo a base de toda a produção. Os plebeus, situados entre os homens livres e os escravos, nunca chegaram a elevar-se acima da condição de *Lumpenproletariat*[7]. Além disso, Roma nunca ultrapassou o estágio de cidade; estava ligada às províncias por laços quase unicamente políticos que, por sua vez, poderiam se romper, evidentemente, por acontecimentos políticos.

Com o desenvolvimento da propriedade privada, vêem-se aparecer, pela primeira vez, relações que tornaremos a encontrar numa escala muito maior na propriedade privada moderna. Por um lado, a concentração da propriedade privada, que começou muito cedo em Roma, como atesta a lei agrária de Licínio[8], e progrediu rapidamente a partir das guerras civis e, sobretudo, sob o Império; por outro lado, e em correlação com esses fatos, a transformação dos pequenos camponeses plebeus em um proletariado impediu que este tivesse um desenvolvimento independente por estar numa situação intermediária entre os cidadãos proprietários e os escravos.

A terceira forma é a propriedade feudal[9] ou a dos diversos estamentos. Enquanto a Antiguidade partia da *cidade* e de seu pequeno território, a Idade Média partia do *campo*. A população existente, esparsa e dispersamente distribuída por uma vasta superfície, que os conquistadores praticamente não aumentaram, condicionou essa mudança de ponto de partida. Ao contrário do que ocorreu na Grécia e em Roma, o desenvolvimento feudal se inicia em um território bem maior, preparado pelas conquistas romanas e pela expansão da agricultura que estas inicialmente ocasionaram. Os últimos séculos do Império Romano em declínio e a conquista dos próprios bárbaros aniquilaram uma grande massa de forças produtivas: a agricultura havia declinado, a indústria entrara em decadência por falta de mercados, o comércio se reduzia ou era interrompido pela violência, a população, tanto rural quanto urbana, tinha diminuído. Tal situação e o conseqüente modo de organização da conquista desenvolveram a propriedade feudal, sob a influência da organização militar dos germanos. Como a propriedade da tribo e da comuna, esta repousa, por sua vez, sobre uma comunidade em face da qual não são mais os escravos, como no antigo sistema, mas sim os pequenos camponeses submetidos à servidão que constituem a classe diretamente produtiva. Simultaneamente à completa formação do feudalismo salienta-se, ainda, a oposição às cidades. A estrutura hierárquica da propriedade fundiária e a suserania militar que a acompanhava conferiram à nobreza o poder absoluto sobre os servos. Essa estrutura feudal, exatamente do mesmo modo que a antiga propriedade comunal, era uma associação contra a classe produtora dominada, só que a forma de associação e as relações com os produtores são diferentes pelo fato de serem diferentes as condições de produção.

A essa estrutura feudal da propriedade fundiária correspondia, nas *cidades*, a propriedade corporativa, organização feudal do ofício artesanal. Na cidade, a propriedade consistia principalmente no trabalho de cada indivíduo: a necessidade de associação contra os nobres pilhadores conluiados, a necessidade de construções comunais para as atividades mercantis numa época em que o industrial era também comerciante, a concorrência crescente dos servos que fugiam em massa para as cidades prósperas, a estrutura feudal de todo o país – tudo isso fez surgir as *corporações*. Os pequenos capitais economizados pouco a pouco pelos artesãos isolados e o número invariável destes em uma população que crescia incessantemente desenvolveram a condição de companheiro e de aprendiz que deu origem, nas cidades, a uma hierarquia semelhante à do campo.

Portanto, a propriedade principal consistia, por um lado, durante a época feudal, na propriedade fundiária à qual está ligado o trabalho dos servos, por outro lado no trabalho pessoal com a ajuda de um pequeno capital e dominando o trabalho de companheiros e aprendizes. A estrutura de cada uma dessas duas formas era condicionada pelas relações de produção limitadas, a agricultura rudimentar e restrita e a indústria artesanal. No apogeu do feudalismo, a divisão do trabalho pouco se desenvolveu. Cada país continha em si mesmo a oposição cidade-campo. A divisão em estamentos era na verdade muito acentuada, mas não houve divisão importante do trabalho, além da separação entre príncipes reinantes, nobreza, clero e camponeses no campo, e entre mestres, companheiros e aprendizes, e logo também nas cidades uma plebe de jornaleiros. Na agricultura, essa divisão se tornara mais difícil pela exploração parcelada da terra, ao lado da qual se desenvolveu a indústria doméstica dos próprios camponeses; na indústria, o trabalho não era absolutamente dividido dentro de cada ofício e muito pouco entre os diferentes ofícios. A divisão entre o comércio e a indústria já existia em cidades mais antigas, mas só mais tarde se desenvolveu nas cidades novas, quando as cidades foram tendo contato umas com as outras.

A reunião de áreas de uma certa extensão formando reinos feudais era uma necessidade tanto para a nobreza fundiária como para as cidades. Por isso mesmo, a organização da classe dominante, isto é, da nobreza, teve por toda parte um monarca à frente.

Eis, portanto, os fatos: indivíduos determinados com atividade produtiva segundo um modo determinado entram em relações sociais e políticas determinadas. Em cada caso isolado, a observação empírica deve mostrar nos fatos, e sem nenhuma especulação nem mistificação, a ligação entre a estrutura social e política e a produção. A estrutura social e o Estado nascem continuamente do processo vital de indivíduos determinados; mas desses indivíduos não tais como aparecem nas representações que fazem de si mesmos ou nas representações que os outros fazem deles, mas na sua existência *real*, isto é, tais como trabalham e produzem materialmente; portanto, do modo como atuam em bases, condições e limites materiais determinados e independentes de sua vontade[10].

A produção das idéias, das representações e da consciência está, a princípio, direta e intimamente ligada à atividade material e ao comércio material dos homens; ela é a linguagem da vida real. As representações, o pensamento, o comércio intelectual dos homens aparecem aqui ainda como a emanação direta de seu comportamento material. O mesmo acontece com a produção intelectual tal como se apresenta na linguagem da política, na das leis, da moral, da religião, da metafísica etc.

de todo um povo. São os homens que produzem suas representações, suas idéias etc., mas os homens reais, atuantes, tais como são condicionados por um determinado desenvolvimento de suas forças produtivas e das relações que a elas correspondem, inclusive as mais amplas formas que estas podem tomar. A consciência nunca pode ser mais que o ser consciente[11]; e o ser dos homens é o seu processo de vida real. E, se, em toda a ideologia, os homens e suas relações nos aparecem de cabeça para baixo como em uma câmera escura, esse fenômeno decorre de seu processo de vida histórico, exatamente como a inversão dos objetos na retina decorre de seu processo de vida diretamente físico.

Ao contrário da filosofia alemã, que desce do céu para a terra, aqui é da terra que se sobe ao céu. Em outras palavras, não partimos do que os homens dizem, imaginam e representam, tampouco do que eles são nas palavras, no pensamento, na imaginação e na representação dos outros, para depois se chegar aos homens de carne e osso; mas partimos dos homens em sua atividade real, é a partir de seu processo de vida real que representamos também o desenvolvimento dos reflexos e das repercussões ideológicas desse processo vital. E mesmo as fantasmagorias existentes no cérebro humano são sublimações resultantes necessariamente do processo de sua vida material, que podemos constatar empiricamente e que repousa em bases materiais. Assim, a moral, a religião, a metafísica e todo o restante da ideologia, bem como as formas de consciência a elas correspondentes, perdem logo toda a aparência de autonomia. Não têm história, não têm desenvolvimento; ao contrário, são os homens que, desenvolvendo sua produção material e suas relações materiais, transformam, com a realidade que lhes é própria, seu pensamento e também os produtos do seu pensamento. Não é a consciência que determina a vida, mas sim a vida que determina a consciência. Na primeira forma de considerar as coisas, partimos da consciência como sendo o indivíduo vivo; na segunda, que corresponde à vida real, partimos dos próprios indivíduos reais e vivos, e consideramos a consciência unicamente como a *sua* consciência.

Essa forma de considerar as coisas não é isenta de pressupostos. Ela parte das premissas reais e não as abandona por um instante sequer. Essas premissas são os homens, não os homens isolados e definidos de algum modo imaginário, mas envolvidos em seu processo de desenvolvimento real em determinadas condições, desenvolvimento esse empiricamente visível. Desde que se represente esse processo de atividade vital, a história deixa de ser uma coleção de fatos sem vida, tal como é para os empiristas, que são eles próprios também abstratos, ou a ação imaginária de sujeitos imaginários, tal como é para os idealistas.

É aí que termina a especulação, é na vida real que começa portanto a ciência real, positiva, a análise da atividade prática, do processo, do desenvolvimento prático dos homens. Cessam as frases ocas sobre a consciência, para que um saber real as substitua. Com o conhecimento da realidade, a filosofia não tem mais um meio para existir de maneira autônoma. Em seu lugar, poder-se-á no máximo colocar uma síntese dos resultados mais gerais que é possível abstrair do estudo do desenvolvimento histórico dos homens. Essas abstrações, tomadas em si mesmas, desvinculadas da história real, não têm absolutamente nenhum valor. Podem quando muito servir para a classificação mais fácil da matéria histórica, para indicar a sucessão de suas estratificações particulares. Mas não dão, de modo algum, como a filosofia, uma receita, um esquema segundo o qual se possam ordenar as épocas históricas. Ao contrário, a dificuldade só começa quando nos pomos a estudar e a classificar essa matéria, quer se trate de uma época passada ou do tempo presente, e a analisá-la realmente. A eliminação dessas dificuldades depende de premissas que nos é impossível desenvolver aqui, pois resultam do estudo do processo de vida real e da ação dos indivíduos de cada época. Vamos considerar aqui algumas dessas abstrações, de que nos serviremos em confronto com a ideologia, e explicá-las através de exemplos históricos.

1. História

Para os alemães despojados de qualquer pressuposto, somos obrigados a começar pela constatação de um primeiro pressuposto de toda a existência humana, e portanto de toda a história, ou seja, o de que todos os homens devem ter condições de viver para poder "fazer a história"[12]. Mas, para viver, é preciso antes de tudo beber, comer, morar, vestir-se e algumas outras coisas mais. O primeiro fato histórico é, portanto, a produção dos meios que permitem satisfazer essas necessidades, a produção da própria vida material; e isso mesmo constitui um fato histórico, uma condição fundamental de toda a história que se deve, ainda hoje como há milhares de anos, preencher dia a dia, hora a hora, simplesmente para manter os homens com vida. Mesmo quando a realidade sensível se reduz a um bastão, ao mínimo possível, como acontece com São Bruno[13], essa realidade implica a atividade que produziu esse bastão. A primeira coisa a fazer, em qualquer concepção histórica, é portanto observar esse fato fundamental com todo o seu significado e em toda a sua extensão, e dar-lhe o lugar a que tem direito. Todos sabem que os alemães nunca o fizeram; portanto nunca tiveram base *terrestre* para a história e, conseqüentemente, nunca tiveram nenhum historiador. Embora os franceses e os ingleses só tivessem visto sob o ângulo mais restrito a conexão desse fato com o que chamamos de história, sobretudo enquanto permaneceram prisioneiros da ideologia política, nem por isso deixaram de realizar as primeiras tentativas para dar à história uma base materialista, escrevendo primeiramente histórias da sociedade burguesa, do comércio e da indústria.

O segundo ponto a examinar é que uma vez satisfeita a primeira necessidade, a ação de satisfazê-la e o instrumento já adquirido com essa satisfação levam a novas necessidades – e essa produção de novas necessidades é o primeiro ato histórico. E é por aí que reconhecemos imediatamente de que espírito é filha a grande sabedoria histórica dos alemães; pois quando existe carência de material positivo e quando não se discutem disparates teológicos, nem disparates políticos ou literários, nossos alemães vêem, não mais a história, mas os "tempos pré-históricos"; eles não nos explicam, aliás, como se passa desse absurdo da "pré-história" à história propriamente dita – se bem que, por outro lado, sua especulação histórica se lança particularmente a essa "pré-história", porque acredita estar a salvo da ingerência do "fato bruto" e também porque pode dar asas ao seu instinto especulativo e pode criar hipóteses aos milhares e deixá-las de lado.

A terceira relação, que intervém no desenvolvimento histórico, é que os homens, que renovam a cada dia sua própria vida, passam a criar outros homens, a se reproduzir. É a relação entre homem e mulher, pais e filhos, é a *família*. Esta família, que é inicialmente a única relação social, torna-se em seguida uma relação subalterna (exceto na Alemanha), quando as necessidades acrescidas geram novas relações sociais e o aumento da população gera novas necessidades; por conseguinte, deve-se tratar e desenvolver o tema da família segundo os fatos empíricos existentes, e não segundo o "conceito de família", como se costuma fazer na Alemanha[14]. Aliás, não se devem compreender esses três aspectos da atividade social como três estágios diferentes, mas tão-somente como três aspectos ou, para empregar uma linguagem clara para os alemães, três "momentos" que coexistiram desde o começo da história e desde os primeiros homens, e que ainda hoje se manifestam na história. Produzir a vida, tanto a sua própria vida pelo trabalho, quanto a dos outros pela procriação, nos aparece portanto, a partir de agora, como uma dupla relação: por um lado como uma relação natural, por outro como uma relação social – social no sentido em que se estende com isso a ação conjugada de vários indivíduos, sejam quais forem suas condições, forma e objetivos. Disso decorre que um modo de produção ou um estágio industrial determinados estão constantemente ligados a um modo de cooperação ou a um estádio social determinados, e que esse modo de cooperação é, ele próprio, uma "força produtiva"; decorre igualmente que a massa das forças produtivas acessíveis aos homens determina o estado social, e que se deve por conseguinte estudar e elaborar incessantemente a "história dos homens" em conexão com a história da indústria e das trocas. Mas também é claro que é impossível escrever uma tal história na Alemanha, já que para tanto faltam aos alemães não somente a faculdade de a conceber e os materiais, mas também a "certeza sensível", e que não se podem fazer experiências sobre essas coisas do outro lado do Reno, pois ali não há mais história. Manifesta-se portanto, de início, uma dependência material dos homens entre si, condicionada pelas necessidades e pelo modo de produção, e que é tão antiga quanto os próprios homens – dependência essa que assume constantemente novas formas e apresenta portanto uma "história", mesmo sem que exista ainda qualquer absurdo político ou religioso que também mantenha os homens unidos.

E somente agora, depois de já termos examinado quatro momentos, quatro aspectos das relações históricas originárias, descobrimos que o homem tem também "consciência"[15]. Mas não se trata de uma consciência que seja de antemão consciência "pura". Desde o começo, pesa uma maldição sobre o "espírito", a de ser "maculado" pela matéria que se apresenta aqui em forma de camadas de ar agitadas, de sons, em resumo, em forma de linguagem. A linguagem é tão antiga quanto a consciência – a linguagem *é* a consciência real, prática, que existe também para os outros homens, que existe, portanto, também primeiro para mim mesmo e, exatamente como a consciência, a linguagem só aparece com a carência, com a necessidade dos intercâmbios com os outros homens[16]. Onde existe uma relação, ela existe para mim. O animal *"não está em relação"* com coisa alguma, não conhece, afinal, nenhuma relação. Para o animal, suas relações com os outros não existem enquanto relações. A consciência é portanto, de início, um produto social e o será enquanto existirem homens. Assim, a consciência é, antes de mais nada, apenas a consciência do meio sensível *mais próximo* e de uma interdependência limitada com outras pessoas e outras coisas situadas fora do indivíduo que toma consciência; é ao mesmo tempo a consciência da natureza que se ergue primeiro em face dos homens como uma força fundamentalmente estranha, onipotente e inatacável, em relação à qual os homens se comportam de um modo puramente animal e que se impõe a eles tanto quanto aos rebanhos; é, por conseguinte, uma consciência da natureza puramente animal (religião da natureza).

Vê-se imediatamente que essa religião da natureza ou essas relações determinadas para com a natureza são condicionadas pela forma da sociedade e *vice-versa*. Aqui, como por toda parte, aliás, a identidade entre o homem e a natureza aparece também sob esta forma, ou seja, o comportamento limitado dos homens face à natureza condiciona seu comportamento limitado entre si, e este condiciona, por sua vez, suas relações limitadas com a natureza, precisamente porque a natureza ainda quase não foi modificada pela história. Por outro lado, a consciência da necessidade de entrar em relação com os indivíduos que o cercam marca, para o homem, o começo da consciência do fato de que, afinal, ele vive em sociedade. Este começo é tão animal quanto a própria vida social nesta fase; é uma simples consciência gregária e, aqui, o homem se distingue do carneiro pelo simples fato de que nele a consciência toma o lugar do instinto ou de que seu instinto é um instinto consciente. Essa consciência gregária ou tribal se desenvolve e se aperfeiçoa posteriormente em razão do aumento da produtividade, do aumento das necessidades e do crescimento populacional que está na base dos dois elementos precedentes. Assim se desenvolve a divisão do trabalho que outra coisa não era, primitivamente, senão a divisão do trabalho no ato sexual, e depois se tornou a divisão de trabalho que se faz por si só ou "pela natureza", em virtude das disposições naturais (vigor corporal, por exemplo), das necessidades, do acaso etc. A divisão do trabalho só se torna efetivamente divisão do trabalho a partir do momento em que se opera uma divisão entre o trabalho material e o trabalho intelectual[17]. A partir desse momento, a consciência *pode* de fato imaginar que é algo mais do que a consciência da prática existente, que ela representa *realmente* algo, sem representar algo real. A partir desse momento, a consciência está em condições de se emancipar do mundo e de passar à formação da teoria "pura", teologia, filosofia, moral etc. Mas, mesmo quando essa teoria, essa teologia, essa filosofia, essa moral etc. entram em contradição com as relações existentes, isso só pode acontecer pelo fato de as relações sociais existentes terem entrado em contradição com a força produtiva existente; aliás, numa esfera nacional determinada isso também pode acontecer porque, nesse caso, a contradição se produz não no interior dessa esfera nacional, mas entre essa consciência nacional e a prática das outras nações, isto é, entre a consciência nacional de uma nação e a sua consciência universal[18].

Pouco importa, aliás, o que a consciência empreende isoladamente; toda essa podridão só nos dá um resultado: esses três momentos – a força produtiva, o estado social e a consciência – podem e devem entrar em conflito entre si, pois, pela *divisão do trabalho*, torna-se possível, ou melhor, acontece efetivamente que a atividade intelectual e a atividade material – o gozo e o trabalho, a produção e o consumo – acabam sendo destinados a indivíduos diferentes; então, a possibilidade de esses elementos não entrarem em conflito reside unicamente no fato de se abolir novamente a divisão do trabalho. É evidente aliás que os "fantasmas", "laços", "ser supremo", "conceito", "escrúpulos"[19] são apenas a expressão mental idealista, a representação aparente do indivíduo isolado, a representação de cadeias e de limites muito empíricos no interior dos quais se move o modo de produção da vida e o modo de trocas ligado a ele.

Essa divisão do trabalho, que implica todas essas contradições, e repousa por sua vez na divisão natural do trabalho na família e na separação da sociedade em famílias isoladas e opostas umas às outras – essa divisão do trabalho encerra ao mesmo tempo a repartição do trabalho e de seus produtos, distribuição *desigual*, na verdade, tanto em quantidade quanto em qualidade. Encerra portanto a propriedade, cuja primeira forma, o seu germe, reside na família onde a mulher e os filhos são escravos do homem. A escravidão, certamente ainda muito rudimentar e latente na família, é a primeira propriedade, que aliás já corresponde perfeitamente aqui à definição dos economistas modernos segundo a qual ela é a livre disposição da força de trabalho de outrem. Assim, divisão do trabalho e propriedade privada são expressões idênticas – na primeira se enuncia, em relação à atividade, aquilo que na segunda é enunciado em relação ao produto dessa atividade.

Além disso, a divisão do trabalho implica também a contradição entre o interesse do indivíduo isolado ou da família isolada e o interesse coletivo de todos os indivíduos que mantêm relações entre si; e, ainda mais, esse interesse comunitário não existe somente, digamos, na representação, como "universal", mas primeiramente na realidade concreta, como dependência recíproca dos indivíduos entre os quais o trabalho é dividido.

Enfim, a divisão do trabalho nos oferece imediatamente o primeiro exemplo do seguinte fato: enquanto os homens permanecerem na sociedade natural, portanto, enquanto há cisão entre o interesse particular e o interesse comum, enquanto portanto também a atividade não é dividida voluntariamente, mas sim naturalmente, a própria ação do homem se transforma para ele em força estranha, que a ele se opõe e o subjuga, em vez de ser por ele dominada. Com efeito, a partir do instante em que o trabalho começa a ser dividido, cada um tem uma esfera de atividade exclusiva e determinada, que lhe é imposta e da qual ele não pode fugir; ele é caçador, pescador, pastor ou crítico[20], e deverá permanecer assim se não quiser perder seus meios de sobrevivência; ao passo que, na sociedade comunista, em que cada um não tem uma esfera de atividade exclusiva, mas pode se aperfeiçoar no ramo que lhe agradar, a sociedade regulamenta a produção geral, o que cria para mim a possibilidade de hoje fazer uma coisa, amanhã outra, caçar de manhã, pescar na parte da tarde, cuidar do gado ao anoitecer, fazer crítica após as refeições, a meu bel-prazer, sem nunca me tornar caçador, pescador ou crítico. Essa fixação da atividade social, essa consolidação do nosso próprio produto pessoal em uma força objetiva que nos domina, escapando ao nosso controle, contrariando nossas expectativas, reduzindo a nada nossos cálculos, é até hoje um dos momentos capitais do desenvolvimento histórico. É justamente essa contradição entre o interesse particular e o interesse coletivo que leva o interesse coletivo a tomar, na qualidade de *Estado*, uma forma independente, separada dos interesses reais do indivíduo e do conjunto e a fazer ao mesmo tempo as vezes de comunidade ilusória, mas sempre tendo por base concreta os laços existentes em cada agrupamento familiar e tribal, tais como laços de sangue, língua, divisão do trabalho em uma larga escala, e outros interesses; e entre esses interesses encontramos particularmente, como trataremos mais adiante, os interesses das classes já condicionadas pela divisão do trabalho, que se diferenciam em todo agrupamento desse gênero e no qual uma domina todas as outras. Segue-se que todas as lutas no âmbito do Estado, a luta entre a democracia, a aristocracia e a monarquia, a luta pelo direito de voto etc. etc., nada mais são do que formas ilusórias sob as quais são travadas as lutas efetivas entre as diferentes classes (do que os teóricos alemães não percebem o mínimo, embora sobre isso muito já lhes tenha sido mostrado bastante em *Anais Franco-alemães* e em *A Sagrada Família*[21]); segue-se também que toda classe que aspira à dominação, mesmo que essa dominação determine a abolição de toda a antiga forma social e da dominação em geral, como acontece com o proletariado, segue-se portanto que essa classe deve conquistar primeiro o poder político para apresentar por sua vez seu interesse próprio como sendo o interesse geral, sendo obrigada a isso no primeiro momento. Justamente porque os indivíduos procuram apenas seu interesse particular – que para eles não coincide com seu interesse coletivo, já que a universalidade é apenas uma forma ilusória da coletividade –, esse interesse é apresentado como um interesse que lhes é "estranho", "independente" deles e ele próprio, por sua vez, um interesse "universal" especial e particular; ou então eles devem movimentar-se[22] nessa dualidade, como acontece na democracia. Por outro lado, o combate *prático* desses interesses particulares, que constantemente se chocam *realmente* com os interesses coletivos e ilusoriamente coletivos, torna necessária a intervenção *prática* e o refreamento por meio do interesse "universal" ilusório sob forma de Estado. O poder social, isto é, a força produtiva multiplicada que nasce da cooperação dos diversos indivíduos, condicionada pela divisão do trabalho, não aparece a esses indivíduos como sendo sua própria força conjugada, porque essa própria cooperação não é voluntária, mas sim natural; ela lhes aparece, ao contrário, como uma força estranha, situada fora deles, que não sabem de onde ela vem nem para onde vai, que, portanto, não podem mais dominar e que, inversamente, percorre agora uma série particular de fases e de estádios de desenvolvimento, tão independente da vontade e da marcha da humanidade, que na verdade é ela que dirige essa vontade e essa marcha da humanidade.

Esta *"alienação"* – para que a nossa exposição seja compreendida pelos filósofos –, naturalmente, só pode ser superada sob duas condições *práticas*. Para que ela se torne um poder "insuportável", isto é, um poder contra o qual se faça a revolução, é necessário que ela tenha feito da massa da humanidade uma massa totalmente "privada de propriedade", que se ache ao mesmo tempo em contradição com um mundo de riqueza e de cultura realmente existente, ambos pressupondo um grande aumento da força produtiva, isto é, um estágio elevado de seu desenvolvimento. Por outro lado, esse desenvolvimento das forças produtivas (que já implica que a existência empírica real dos homens se desenrole *no plano da história mundial* e não no plano da vida local) é uma condição prática prévia absolutamente indispensável, pois, sem ele, a *penúria* se generalizaria, e, com a *necessidade*, também a luta pelo necessário recomeçaria, e se cairia fatalmente na mesma imundície anterior. Ele é também uma condição prática *sine qua non*, porque unicamente através desse desenvolvimento universal das forças produtivas é possível estabelecer um intercâmbio *universal* entre os homens, e assim ele gera o fenômeno da massa "privada de propriedade" simultaneamente em todos os povos (concorrência universal) e torna cada um deles dependente das revoluções dos demais; e porque, finalmente, coloca homens que vivem empiricamente a *história universal* em lugar de indivíduos que vivem num plano local. Sem isso: 1º o comunismo só poderia existir como fenômeno local; 2º os poderes dos intercâmbios humanos não poderiam desenvolver-se como poderes *universais* e, portanto, insuportáveis, continuando a ser simples "circunstâncias" ligadas a superstições locais; e 3º qualquer ampliação do intercâmbio superaria o comunismo local. O comunismo só é empiricamente possível como o ato "súbito" e simultâneo dos povos dominantes, o que supõe, por sua vez, o desenvolvimento universal da força produtiva e os intercâmbios mundiais estreitamente ligados a este desenvolvimento. De outro modo, como poderia a propriedade, por exemplo, ter uma história, tomar diferentes formas? Como, digamos, poderia a propriedade fundiária, segundo as várias condições que se apresentavam, passar, na França, da fragmentação à centralização nas mãos de alguns, e, na Inglaterra, passar da centralização nas mãos de alguns à fragmentação, como efetivamente acontece hoje? Ou então é possível, ainda hoje, que o comércio, que nada mais representa a não ser a troca dos produtos de indivíduos e de nações diferentes, domine o mundo inteiro pela relação da oferta e da procura – relação essa que, segundo um economista inglês, paira sobre a Terra como a fatalidade antiga e distribui, com mão invisível, a felicidade e a desgraça entre os homens, funda impérios, aniquila impérios, faz nascerem e desaparecerem povos –, ao passo que uma vez abolida a base, que é a propriedade privada, e instaurada a regulamentação comunista da produção, que elimina no homem o sentimento de estar diante de seu próprio produto como diante de uma coisa estranha, a força da relação da oferta e da procura é reduzida a nada, e os homens recuperem o controle sobre o comércio, a produção, seu modo de comportamento recíproco?

Para nós o comunismo não é nem um *estado* a ser criado, nem um *ideal* pelo qual a realidade deverá se guiar. Chamamos de comunismo o movimento *real* que supera o estado atual de coisas. As condições desse movimento resultam das premissas atualmente existentes.

Enfim, a massa de trabalhadores *que são apenas trabalhadores* – força de trabalho maciça, separada do capital ou de qualquer espécie de satisfação mesmo que limitada – pressupõe *o mercado mundial*, como o pressupõe também, devido à concorrência, a perda desse trabalho enquanto fonte de subsistência garantida, e não mais a título temporário.

O proletariado só pode existir, portanto, *em termos de história universal*, assim como o comunismo, que é a sua conseqüência, só pode se apresentar enquanto existência "histórica universal". Existência histórica universal dos indivíduos, em outras palavras, existência dos indivíduos diretamente ligada à história universal.

A forma das trocas, condicionada pelas forças de produção existentes em todas as fases históricas que precedem a nossa e por sua vez as condiciona, é a *sociedade civil*, que, como já se depreende pelo que foi dito antes, tem por condição prévia e base fundamental a família simples e a família composta, o que se chama de clã, cujas definições mais precisas já foram dadas anteriormente. Já é evidente, portanto, que essa sociedade civil é a verdadeira sede, o verdadeiro palco de toda a história e vemos a que ponto a concepção passada da história era um absurdo que omitia as relações reais e se limitava aos grandes e retumbantes acontecimentos históricos e políticos[23]. A sociedade civil compreende o conjunto das relações materiais dos indivíduos dentro de um estágio determinado de desenvolvimento das forças produtivas. Compreende o conjunto da vida comercial e industrial de um estágio e ultrapassa, por isso mesmo, o Estado e a nação, embora deva, por outro lado, afirmar-se no exterior como nacionalidade e organizar-se no interior como Estado. O termo sociedade civil[24] apareceu no século XVIII, quando as relações de propriedade se desligaram da comunidade antiga e medieval. A sociedade civil enquanto tal só se desenvolve com a burguesia; entretanto, a organização social resultante diretamente da produção e do comércio, e que constitui em qualquer tempo a base do Estado e do restante da superestrutura idealista, tem sido constantemente designada por esse mesmo nome.

2. Da Produção da Consciência

Na verdade, é também um fato indubitavelmente empírico que, na história decorrida até hoje, com a extensão da atividade, no plano da história universal, os indivíduos foram cada vez mais submetidos a uma força que lhes é estranha – opressão essa que eles consideravam como uma trapaça do chamado Espírito universal –, uma força que se foi tornando cada vez mais maciça e se revela, em última instância, como o *mercado mundial*. Mas também tem base empírica o fato de que essa força, tão misteriosa para os teóricos alemães, será superada com a derrubada do atual estado social, pela revolução comunista (de que falaremos mais tarde) e pela abolição da propriedade privada, que lhe é inerente; então a libertação de cada indivíduo em particular se realizará exatamente na medida em que a história se transformar completamente em história mundial[25]. Segundo o que foi dito anteriormente, está claro que a verdadeira riqueza intelectual do indivíduo depende inteiramente da riqueza de suas relações reais. É só desta maneira que cada indivíduo em particular será libertado das diversas limitações nacionais e locais que encontra, sendo colocado em relações práticas com a produção do mundo inteiro (inclusive a produção intelectual) e posto em condições de adquirir a capacidade de desfrutar a produção do mundo inteiro em todos os seus domínios (criação dos homens). A dependência *universal*, essa forma natural da cooperação dos indivíduos *em escala histórico-mundial*, será transformada por essa revolução comunista em controle e domínio consciente dessas forças que, engendradas pela ação recíproca dos homens entre si, lhes foram até agora impostas como se fossem forças fundamentalmente estranhas, e os dominaram. Esta concepção pode ser, por sua vez, concebida de maneira especulativa e idealista, isto é, fantasiosa, como "geração do gênero[26] por si mesmo" (a "sociedade enquanto sujeito") e, por isso, mesmo a série sucessiva dos indivíduos em relação uns com os outros pode ser representada como um indivíduo único que realizaria esse mistério de gerar a si mesmo. Vê-se então que os indivíduos se criam *uns aos outros*, no sentido físico e no moral, mas não se criam, nem no sentido absurdo de São Bruno, nem no sentido do "único"[27], do homem "feito por si mesmo".

Esta concepção da história, portanto, tem por base o desenvolvimento do processo real da produção, e isso partindo da produção material da vida imediata; ela concebe a forma dos intercâmbios humanos ligada a esse modo de produção e por ele engendrada, isto é, a sociedade civil em seus diferentes estágios como sendo o fundamento de toda a história, o que significa representá-la em sua ação enquanto Estado, bem como em explicar por ela o conjunto das diversas produções teóricas e das formas da consciência, religião, filosofia, moral etc., e a seguir sua gênese a partir dessas produções, o que permite então naturalmente representar a coisa na sua totalidade (e examinar também a ação recíproca de seus diferentes aspectos). Ela não é obrigada, como ocorre com a concepção idealista da história, a procurar uma categoria em cada período, mas permanece constantemente no terreno real da história; ela não explica a prática segundo a idéia, explica a formação das idéias segundo a prática material; chega por conseguinte ao resultado de que todas as formas e produtos da consciência podem ser resolvidos não por meio da crítica (espiritual) intelectual, pela redução à "consciência de si" ou pela metamorfose em "almas do outro mundo", em "fantasmas", em "obsessões"[28] etc., mas unicamente pela derrubada efetiva das relações sociais concretas de onde surgiram essas baboseiras idealistas. A revolução, e não a crítica, é a verdadeira força motriz da história, da religião, da filosofia e de qualquer outra teoria. Esta concepção mostra que o fim da história não se acaba resolvendo em "consciência de si", como "espírito do espírito", mas sim que a cada estágio são dados um resultado material, uma soma de forças produtivas, uma relação com a natureza e entre os indivíduos, criados historicamente e transmitidos a cada geração por aquela que a precede, uma massa de forças produtivas, de capitais e de circunstâncias, que, por um lado, são bastante modificados pela nova geração, mas que, por outro lado, ditam a ela suas próprias condições de existência e lhe imprimem um determinado desenvolvimento, um caráter específico; por conseguinte as circunstâncias fazem os homens tanto quanto os homens fazem as circunstâncias. Esta soma de forças produtivas, de capitais, de formas de relações sociais, que cada indivíduo e cada geração encontram como dados existentes, constitui a base concreta da representação que os filósofos fazem do que seja "substância" e "essência do homem", daquilo que eles elevaram às nuvens ou combateram, base concreta cujos efeitos e influência sobre o desenvolvimento dos homens não são absolutamente afetados pelo fato de esses filósofos se revoltarem contra ela na qualidade de "consciência de si" e de "únicos". São igualmente essas condições de vida, que as diversas gerações encontram prontas, que determinam se a comoção revolucionária, produzida periodicamente na história, será suficientemente forte para derrubar as bases de tudo o que existe; os elementos materiais de uma subversão total são, por um lado, as forças produtivas existentes e, por outro lado, a formação de uma massa revolucionária que faça a revolução não só contra condições particulares da sociedade existente até então, mas também contra a própria "produção da vida" anterior, contra o "conjunto da atividade" que constitui sua base; se essas condições não existem, é inteiramente indiferente, para o desenvolvimento prático, que a *idéia* dessa subversão já tenha sido expressada mil vezes... como o prova a história do comunismo.

Até agora, toda concepção histórica deixou completamente de lado essa base real da história, ou então a considerou como algo acessório, sem qualquer vínculo com a marcha da história. É por isso que a história deve sempre ser escrita segundo uma norma situada fora dela. A produção real da vida aparece na origem da história, ao passo que aquilo que é propriamente histórico aparece como separado da vida comum, como extra e supraterrestre. As relações entre os homens e a natureza são, por isso, excluídas da história, o que engendra a oposição entre a natureza e a história. Por conseguinte, essa concepção só pôde ver na história os grandes acontecimentos históricos e políticos, lutas religiosas e, sobretudo, teóricos, e teve particularmente de *compartilhar*, em cada época histórica, a *ilusão dessa época*. Suponhamos que uma época imagine ser determinada por motivos puramente "políticos" ou "religiosos", embora "política" e "religião" sejam apenas formas de seus reais motivos: seu historiador aceita então essa opinião. A "imaginação", a "representação" que esses homens determinados fazem da sua práxis real, transforma-se na única força determinante e ativa que domina e determina a prática desses homens. Se a forma rudimentar sob a qual se apresenta a divisão do trabalho entre os indianos e os egípcios faz surgir um regime de castas em seu Estado e em sua religião, o historiador acredita que o regime das castas é a força que engendrou essa forma social rudimentar. Enquanto os franceses e os ingleses se apegam pelo menos à ilusão política, que é ainda a que mais se aproxima da realidade efetiva, os alemães se movem no domínio do "espírito puro" e fazem da ilusão religiosa a força motriz da história. A filosofia da história de Hegel é a última expressão conseqüente, levada à sua "mais pura expressão", de toda essa maneira que os alemães têm de escrever a história e na qual não se fala de interesses reais, nem mesmo de interesses políticos, mas de idéias puras; essa história não pode, então, deixar de aparecer a São Bruno como uma seqüência de "idéias", em que uma devora a outra e acaba por perecer na "consciência de si", e para São Max Stirner, que nada sabe de toda a história real, essa marcha da história devia parecer, com muito mais lógica ainda, como uma simples história de "cavaleiros", de bandidos e de fantasmas[29], a cuja visão só consegue escapar pela "dessacralização". Essa concepção é de fato religiosa, ela supõe que o homem religioso é o homem primitivo do qual parte toda a história, e ela substitui, na sua imaginação, a produção real dos meios de vida e da própria vida por uma produção religiosa de coisas imaginárias. Toda essa concepção da história, bem como a sua desagregação e os escrúpulos e as dúvidas que dela resultam, não passa de uma questão puramente *nacional* que diz respeito apenas aos alemães, tendo apenas um interesse *local* para a Alemanha, como por exemplo a questão importante, e tratada reiteradas vezes ultimamente, de se saber como se passa exatamente "do reino de Deus ao reino dos homens"; como se esse "reino de Deus" algum dia tivesse existido em algum lugar que não na imaginação dos homens e como se esses doutos senhores não vivessem sempre, e sem dar por isso, no "reino dos homens", cujo caminho estão procurando agora, e como se o divertimento científico – pois nada mais é do que isso – que existe em explicar a singularidade dessa construção teórica nas nuvens não consistisse, ao contrário, em demonstrar como essa mesma construção surgiu do estado de coisas real, terrestre. Em geral, para esses alemães, trata-se de atribuir o contra-senso que encontram a alguma outra quimera, ou seja, de afirmar que todo esse contra-senso tem um *sentido* particular que é preciso esclarecer, quando na verdade se trata unicamente de explicar essa fraseologia teórica a partir das relações reais existentes. A verdadeira solução prática dessa fraseologia, a eliminação dessas representações na consciência dos homens, só será realizada, repitamos, por meio de uma transformação das circunstâncias existentes, e não por deduções teóricas. Para a massa dos homens, isto é, para o proletariado, tais representações teóricas não existem e portanto não precisam ser suprimidas, e, se essa massa já teve algum dia representações teóricas como a religião, há muito tempo já foram destruídas pelas circunstâncias.

O caráter puramente nacional dessas questões e de suas soluções manifesta-se ainda no fato de que esses teóricos acreditavam, com a maior seriedade do mundo, que as divagações do espírito como o "homem-deus", o "homem" etc., presidiram às diferentes épocas da história – São Bruno chega mesmo a afirmar que somente "a crítica e os críticos fizeram a história" – e, inclusive, quando se dedicam a construções históricas, eles saltam rapidamente por cima de todo o passado e vão da "civilização mongol" à história propriamente dita "rica de conteúdo", isto é, à história de *Anais de Halle* e *Anais Alemães*[30] e contam como a escola hegeliana degenerou em disputa geral. Todas as outras nações, todos os acontecimentos reais são esquecidos, o teatro do mundo (*Theatrum mundi*) limita-se à feira de livros de Leipzig e às controvérsias recíprocas da "Crítica", do "Homem" e do "Único"[31]. Quando acontece à teoria tratar de temas verdadeiramente históricos, como o século XVIII, por exemplo, esses filósofos só oferecem a história das representações, desligada dos fatos e dos desenvolvimentos práticos que constituem sua base; e, além disso, só oferecem essa história com a finalidade de representar a época em foco como uma primeira etapa imperfeita, como um anúncio, ainda limitado, da verdadeira época histórica, isto é, da época da luta dos filósofos alemães de 1840 a 1844. Seu objetivo é, portanto, escrever uma história do passado para fazer resplandecer com o maior brilho a glória de uma pessoa que não é histórica e de suas fantasias, e se coaduna com esse objetivo o fato de não lembrar os acontecimentos realmente históricos, nem mesmo as intromissões realmente históricas da política na história, e de oferecer, em compensação, um relato que não se fundamenta em um estudo sério, mas em montagens históricas e bisbilhotices literárias – como fez São Bruno em sua *História do Século XVIII*[32], agora esquecida. Esses merceeiros do pensamento, cheios de veemência e arrogância, que se julgam infinitamente acima dos preconceitos nacionais, são, na prática, muito mais nacionais do que esses filisteus de cervejaria que, como pequenos burgueses, sonham com a unidade alemã. Recusam todo caráter histórico às ações dos outros povos, vivem na Alemanha, para a Alemanha e pela Alemanha, transformam a Canção do Reno em hino espiritual[33], e conquistam a Alsácia-Lorena pilhando a filosofia francesa em vez de pilhar o Estado francês, e germanizando pensamentos franceses em vez de germanizar províncias francesas. O sr. Venedey[34] aparece como cosmopolita ao lado de São Bruno e de São Max[35], que proclamam a hegemonia da Alemanha proclamando a hegemonia da teoria.

Vê-se também, por essas discussões, o quanto Feuerbach se engana quando (na *Revista Trimestral de Wigand*, 1845, tomo II)[36], qualificando-se de "homem comunitário", ele se proclama comunista e transforma este nome em predicado de "o" homem, acreditando poder assim transformar em uma simples categoria o termo comunista que, no mundo atual, designa o adepto de um partido revolucionário determinado. Toda a dedução de Feuerbach quanto às relações recíprocas dos homens visa unicamente a provar que os homens têm necessidade uns dos outros e *que sempre foi assim*. Ele quer que a consciência se apose desse fato, ele quer assim, a exemplo dos outros teóricos, suscitar uma justa consciência de um fato *existente*, ao passo que para o verdadeiro comunista o que importa é derrubar essa ordem existente. Reconhecemos plenamente, aliás, que Feuerbach, nos seus esforços para engendrar a consciência *desse* fato, vai tão longe quanto é possível a um teórico sem deixar de ser teórico e filósofo. Mas é bem característico o fato de que São Bruno e São Max colocaram imediatamente a representação do comunista segundo Feuerbach no lugar do comunista verdadeiro, e assim o fazem, em parte, a fim de poderem combater o comunismo enquanto "espírito do espírito", enquanto categoria filosófica, enquanto adversário de condição idêntica à deles – e São Bruno o faz aliás, por sua vez, em vista de interesses pragmáticos. Como exemplo desse reconhecimento e desconhecimento simultâneos do estado de coisas existente, que Feuerbach continua a partilhar com nossos adversários, lembremos esta passagem da *Filosofia do Futuro*[37], onde ele desenvolve a idéia de que o ser de um objeto ou de um homem é igualmente sua essência, que as condições de existência, o modo de vida e a atividade determinada de uma criatura animal ou humana são aqueles em que a sua "essência" se sente satisfeita. Compreende-se aqui expressamente cada exceção como um infeliz acaso, como uma anomalia que não se pode mudar. Portanto, se milhões de proletários não se sentem de maneira alguma satisfeitos com suas condições de vida, se seu "ser" (...)[38] Na realidade, para o materialista *prático*, isto é, para o *comunista*, trata-se de revolucionar o mundo existente, de atacar e de transformar praticamente o estado de coisas que ele encontrou. E, se às vezes encontramos em Feuerbach pontos de vista desse gênero, eles nunca vão além de intuições isoladas e têm muito pouca influência sobre toda a concepção geral, para que possamos ver neles, aqui, algo mais do que germes capazes de se desenvolverem. A "concepção" do mundo sensível para Feuerbach limita-se, por um lado, à simples intuição deste último e, por outro, à simples sensação. Ele diz "*o homem*" em vez de dizer os "homens históricos reais". "*O homem*" é, na realidade, "o alemão". No primeiro caso, na *intuição* do mundo sensível, ele se choca necessariamente contra objetos que estão em contradição com a sua consciência e as suas sensações, que perturbam a harmonia de todas as partes do mundo sensível que ele havia pressuposto, sobretudo a do homem e da natureza[39]. Para eliminar esses objetos, ele é obrigado a se refugiar em uma dupla maneira de ver, oscila entre uma maneira de ver profana, que percebe apenas "o que é visível a olho nu", e uma maneira de ver mais elevada, filosófica, que percebe a "essência verdadeira" das coisas. Não vê que o mundo sensível que o cerca não é um objeto dado diretamente, eterno e sempre igual a si mesmo, mas sim o produto da indústria e do estado da sociedade, no sentido de que é um produto histórico, o resultado da atividade de toda uma série de gerações, sendo que cada uma delas se alçava sobre os ombros da precedente, aperfeiçoava sua indústria e seu comércio e modificava seu regime social em função da modificação das necessidades. Os objetos da mais simples "certeza sensível" são dados a Feuerbach apenas pelo desenvolvimento social, pela indústria e pelas trocas comerciais.

Sabe-se que a cerejeira, como quase todas as árvores frutíferas, foi transplantada para as nossas latitudes pelo *comércio*, há apenas poucos séculos, e que portanto foi somente *graças* a essa ação de uma determinada sociedade em uma determinada época que ela foi dada à "certeza sensível" de Feuerbach.

Por sua vez, nessa concepção que vê as coisas tais como realmente são e como aconteceram realmente, todo problema filosófico oculto se converte simplesmente em um fato empírico, como veremos ainda mais claramente um pouco mais adiante. Tomemos por exemplo a questão importante das relações entre o homem e a natureza (ou mesmo, como Bruno nos diz na página 110[40], as "contradições na natureza e na história", como se aí houvesse duas "coisas" separadas, como se o homem não se achasse sempre em face de uma natureza que é histórica e de uma história que é natural). Esta questão da origem de todas as "obras de uma grandeza insondável"[41] sobre a "substância" e a "consciência de si" se reduz por si só à compreensão do fato de que a tão célebre "unidade do homem e da natureza" existiu em todos os tempos na indústria e se apresentou de maneira diferente, em cada época, segundo o desenvolvimento maior ou menor da indústria; e o mesmo acontece com a "luta" do homem contra a natureza, até que as suas forças produtivas se tenham desenvolvido sobre uma base adequada. A indústria e o comércio, a produção e a troca dos meios de subsistência condicionam a distribuição, a estrutura das diferentes classes sociais, para serem por sua vez condicionadas por estas em seu modo de funcionamento. E é por isso que Feuerbach só vê, por exemplo, em Manchester, fábricas e máquinas onde há um século havia somente rocas de fiar e teares manuais, e descobre apenas pastagens e pântanos nos campos romanos, onde nos tempos de Augusto teria encontrado somente vinhedos e *villas* de capitalistas romanos. Feuerbach fala particularmente da concepção da ciência da natureza, lembra segredos que se revelam somente aos olhos do físico e do químico; mas onde estaria a ciência da natureza sem o comércio e a indústria? Mesmo esta ciência da natureza chamada "pura", não são apenas o comércio e a indústria, a atividade material dos homens, que lhe atribuem uma finalidade e lhe fornecem seus materiais? E essa atividade, esse trabalho, essa criação material incessante dos homens, essa produção, em uma palavra, é a base de todo o mundo sensível tal como existe em nossos dias, a tal ponto que se fossem interrompidas, mesmo por apenas um ano, Feuerbach não somente encontraria uma enorme modificação no mundo natural, como bem depressa deploraria a perda de todo o mundo humano e de sua própria faculdade de intuição, e até de sua própria existência. Naturalmente, o primado da natureza exterior também não subsiste, e nada disso pode, decerto, aplicar-se aos primeiros homens produzidos por *generatio aequivoca*[42]; mas essa distinção só tem sentido se considerarmos o homem como sendo diferente da natureza. Em suma, essa natureza que precede a história dos homens não é de modo algum a natureza onde vive Feuerbach; essa natureza, hoje em dia, não existe mais em parte alguma, a não ser talvez em alguns atóis australianos de formação recente, e portanto ela tampouco existe para Feuerbach.

Confessemos que Feuerbach leva, sobre os materialistas "puros", a grande vantagem de perceber que o homem é também um "objeto sensível"; mas deixemos de lado o fato de que ele considera o homem unicamente como "objeto sensível" e não como "atividade sensível", pois também aí ele se contenta com a teoria e não considera os homens em seu determinado contexto social, em suas reais condições de vida, que deles fizeram o que hoje são; e o fato é que ele nunca chega aos homens que existem e agem realmente; fica numa abstração, "o homem", e só chega a reconhecer o homem "real, individual, em carne e osso", no sentimento; em outras palavras, não conhece outras "relações humanas" "do homem para com o homem", que não sejam o amor e a amizade, e ainda assim idealizados. Ele não critica as atuais condições de vida. Nunca chega, portanto, a considerar o mundo sensível como a soma da *atividade* viva e física dos indivíduos que o compõem; e quando vê, por exemplo, em vez de homens saudáveis, um bando de famintos escrofulosos, esgotados e tuberculosos é obrigado a apelar para a "concepção superior das coisas", e para a "igualização ideal no gênero"; recai por conseguinte no idealismo, precisamente onde o materialismo comunista vê a necessidade ao mesmo tempo de uma transformação radical tanto da indústria como da estrutura social.

Na medida em que é materialista, Feuerbach nunca faz intervir a história, e, na medida em que considera a história, ele deixa de ser materialista. Para ele, história e materialismo são duas coisas completamente separadas, o que fica explicado, aliás, por tudo o que foi dito anteriormente[43].

A história não é senão a sucessão das diferentes gerações, cada uma das quais explora os materiais, os capitais, as forças produtivas que lhe são transmitidas pelas gerações precedentes; assim sendo, cada geração, por um lado, continua o modo de atividade que lhe é transmitido, mas em circunstâncias radicalmente transformadas, e, por outro lado, ela modifica as antigas circunstâncias entregando-se a uma atividade radicalmente diferente; chega-se a desnaturar esses fatos pela especulação, fazendo-se da história recente a finalidade da história anterior; é assim, por exemplo, que se atribui à descoberta da América o seguinte objetivo: ajudar a eclodir a Revolução Francesa; dessa maneira, confere-se então à história seus fins particulares e dela se faz uma "pessoa ao lado de outras pessoas" (a saber "consciência de si, crítica, único" etc.), enquanto que aquilo que se designa pelos termos "determinação", "finalidade", "germe", "idéia" da história passada nada mais é do que uma abstração da história anterior, uma abstração da influência ativa que a história anterior exerce sobre a história atual.

Ora, quanto mais as esferas individuais, que agem uma sobre a outra, crescem no curso desse desenvolvimento, e quanto mais o isolamento primitivo das diversas nações é destruído pelo modo de produção aperfeiçoado, pela circulação e a divisão do trabalho entre as nações que disso espontaneamente resulta, tanto mais a história se transforma em história mundial; de sorte que, se inventarem, por exemplo, na Inglaterra uma máquina que, na Índia e na China, roube o pão a milhares de trabalhadores e subverta toda a forma de existência desses impérios, essa invenção torna-se um fato da história universal. É dessa mesma maneira que o açúcar e o café provaram sua importância para a história universal no século XIX, pelo fato de que a carência desses produtos, resultado do bloqueio continental de Napoleão, provocou a subversão dos alemães contra Napoleão, tornando-se assim a base concreta das gloriosas guerras de libertação de 1813. Donde se conclui que essa transformação da história em história universal não é, digamos, um simples fato abstrato da "consciência de si", do espírito do mundo ou de algum outro fantasma metafísico, mas sim uma ação puramente material, que se pode verificar de forma empírica, uma ação da qual cada indivíduo fornece a prova tal como ela é, comendo, bebendo e se vestindo.

Os pensamentos da classe dominante são também, em todas as épocas, os pensamentos dominantes; em outras palavras, a classe que é o poder *material* dominante numa determinada sociedade é também o poder *espiritual* dominante. A classe que dispõe dos meios da produção material dispõe também dos meios da produção intelectual, de tal modo que o pensamento daqueles aos quais são negados os meios de produção intelectual está submetido também à classe dominante. Os pensamentos dominantes nada mais são do que a expressão ideal das relações materiais dominantes; eles são essas relações materiais dominantes consideradas sob forma de idéias, portanto a expressão das relações que fazem de uma classe a classe dominante; em outras palavras, são as idéias de sua dominação. Os indivíduos que constituem a classe dominante possuem, entre outras coisas, também uma consciência, e conseqüentemente pensam; na medida em que dominam como classe e determinam uma época histórica em toda a sua extensão, é evidente que esses indivíduos dominam em todos os sentidos e que têm uma posição dominante, entre outras coisas também como seres pensantes, como produtores de idéias, que regulamentam a produção e a distribuição dos pensamentos da sua época; suas idéias são portanto as idéias dominantes de sua época. Tomemos como exemplo uma época e um país em que o poder real, a aristocracia e a burguesia disputam a dominação e onde esta é portanto dividida; vemos que o pensamento dominante é aí a doutrina da divisão dos poderes, que é então enunciada como uma "lei eterna".

Reencontramos aqui a divisão do trabalho mencionada antes (pp. 28-34) como uma das forças capitais da história. Ela se manifesta também na classe dominante sob a forma de divisão entre o trabalho intelectual e o trabalho material, de tal modo que teremos duas categorias de indivíduos dentro dessa mesma classe. Uns serão os pensadores dessa classe (os ideólogos ativos, que teorizam e fazem da elaboração da ilusão que essa classe tem de si mesma sua substância principal), ao passo que os outros terão uma atitude mais passiva e mais receptiva em face desses pensamentos e dessas ilusões, porque eles são na realidade os membros ativos dessa classe e têm menos tempo para alimentar ilusões e idéias sobre suas próprias pessoas. Dentro dessa classe, essa cisão pode mesmo chegar a uma certa oposição e a uma certa hostilidade das duas partes em questão. Mas, surgindo algum conflito prático em que a classe toda fique ameaçada, essa oposição cai por si mesma, enquanto vemos volatizar-se a ilusão de que as idéias dominantes não seriam as idéias da classe dominante e que teriam um poder distinto do poder dessa classe. A existência de idéias revolucionárias em uma determinada época já supõe a existência de uma classe revolucionária e dissemos anteriormente (pp. 28-34) tudo o que era preciso a respeito das condições prévias que isso implica.

Admitamos que, no modo de conceber a marcha da história, as idéias da classe dominante sejam desvinculadas dessa mesma classe e ganhem autonomia. Suponhamos que fiquemos apenas no fato de terem estas ou aquelas idéias dominado em tal época, sem nos preocuparmos com as condições da produção nem com os produtores dessas mesmas idéias, abstraindo-nos portanto dos indivíduos e das circunstâncias mundiais que estão na base dessas idéias. Então poderemos dizer, por exemplo, que no tempo em que imperava a aristocracia imperavam os conceitos de honra, fidelidade etc. e que, no tempo em que dominava a burguesia, imperavam os conceitos de liberdade, igualdade etc.[44] É o que imagina a própria classe dominante em sua totalidade. Essa concepção da história, comum a todos os historiadores, especialmente a partir do século XVIII, colidirá necessariamente com o fenômeno de que os pensamentos dominantes serão cada vez mais abstratos, ou seja, assumirão cada vez mais a forma de universalidade. Com efeito, cada nova classe que toma o lugar daquela que dominava antes dela é obrigada, mesmo que seja apenas para atingir seus fins, a representar o seu interesse como sendo o interesse comum de todos os membros da sociedade ou, para exprimir as coisas no plano das idéias: essa classe é obrigada a dar aos seus pensamentos a forma de universalidade e representá-los como sendo os únicos razoáveis, os únicos universalmente válidos. Pelo simples fato de defrontar com uma *classe*, a classe revolucionária se apresenta, de início, não como classe, mas sim como representando a sociedade em geral; aparece como sendo toda a massa da sociedade diante da única classe dominante[45]. Isso lhe é possível porque no começo seu interesse ainda está na verdade intimamente ligado ao interesse comum de todas as outras classes não dominantes e porque, sob a pressão do estado de coisas anterior, esse interesse ainda não pôde se desenvolver como interesse particular de uma classe particular. Por isso, a vitória dessa classe é útil também a muitos indivíduos das outras classes, as quais não conseguem chegar a dominar; mas é útil somente na medida em que coloca esses indivíduos em condições de poder chegar à classe dominante. Quando a burguesia francesa derrubou o domínio da aristocracia, permitiu que muitos proletários se elevassem acima do proletariado, mas unicamente no sentido de que se tornaram, eles próprios, burgueses. Portanto, cada nova classe consegue apenas estabelecer seu domínio sobre uma base mais ampla do que a classe que dominava anteriormente, mas, em compensação, a oposição entre a classe que passa então a dominar e as classes que não dominam só tende a se agravar mais profunda e intensamente. Donde se conclui o seguinte: o combate a se travar contra a nova classe dirigente tem como finalidade, por sua vez, negar as condições sociais existentes até então de um modo mais decisivo e mais radical do que puderam fazer todas as classes que ambicionavam o poder anteriormente.

Toda a ilusão de que o domínio de uma classe determinada é unicamente o domínio de certas idéias cessa naturalmente, logo que o domínio de qualquer classe que seja deixa de ser a forma do regime social, isto é, não é mais necessário representar um interesse particular como sendo o interesse geral ou representar "o universal" como dominante.

Uma vez que as idéias dominantes estejam desvinculadas dos indivíduos dominantes, e sobretudo das relações que decorrem de um dado estágio do modo de produção, obtém-se como resultado que sempre são as idéias que dominam na história e é então muito fácil abstrair, dessas diferentes idéias, "*a* idéia", ou seja, a idéia por excelência etc., para dela fazer o elemento que domina na história, e conceber assim todas as idéias e conceitos isolados como sendo "autodeterminações" *do* conceito que se desenvolve ao longo da história. É também natural fazer em seguida derivar todas as relações humanas do conceito do homem, do homem representado, da essência do homem, de *o* homem em uma palavra. É o que fez a filosofia especulativa. O próprio Hegel confessa, no final de *Filosofia da História*, que ele "examina apenas o desenvolvimento do *conceito*" e que ele expôs na história a "verdadeira *teodicéia*" (p. 446). E agora podemos voltar aos produtores do "conceito", aos teóricos, ideólogos e filósofos, para chegarmos à conclusão de que os filósofos, os pensadores como tais, dominaram na história por todo o tempo – isto é, chegarmos a uma conclusão que Hegel já havia expressado, como acabamos de ver. De fato, a façanha que consiste em demonstrar que o espírito é soberano na história (o que para Stirner é hierarquia) se reduz aos três esforços seguintes:

1º Trata-se de separar as idéias daqueles que, por razões empíricas, dominam enquanto indivíduos materiais e em condições empíricas, desses mesmos homens e de reconhecer conseqüentemente que são idéias ou ilusões que dominam a história.

2º É preciso pôr uma ordem nesse domínio das idéias, estabelecer um vínculo místico entre as sucessivas idéias dominantes, e a isso chegaremos concebendo-as como "autodeterminações do conceito". (O fato de estarem esses pensamentos realmente ligados entre si por sua base empírica torna isso possível; por outro lado, considerados como pensamentos *puros e simples*, eles se tornam diferenciações de si, distinções produzidas pelo próprio pensamento.)

3º Para despojar de seu aspecto místico esse "conceito que determina a si próprio", nós o transformamos em uma pessoa – "a consciência de si" – ou, para parecer completamente materialista, fazemos dele uma série de pessoas que representam "o conceito" na história, a saber os "pensadores", os "filósofos", os ideólogos que são considerados, por sua vez, como os fabricantes da história, como o "comitê dos guardiões", como os dominadores[46]. Ao mesmo tempo eliminaram-se todos os elementos materialistas da história e podemos tranqüilamente dar rédeas soltas ao seu pendor especulativo.

Na vida corrente, qualquer *shopkeeper*[47] sabe muito bem fazer a distinção entre o que cada um pretende ser e o que é realmente; mas a nossa história ainda não conseguiu chegar a esse conhecimento vulgar. Para cada época, ela acredita piamente no que essa época diz de si mesma e nas ilusões que ela tem a respeito de si mesma.

Esse método histórico, que reinava sobretudo na Alemanha, evidentemente, deve ser explicado a partir de sua interligação com a ilusão dos ideólogos em geral, por exemplo, com as ilusões dos juristas, dos políticos (e mesmo, mais abaixo, dos homens de Estado em atividade); devemos portanto partir dos devaneios dogmáticos e das idéias extravagantes dessa gente, ilusão essa que se explica simplesmente por sua posição prática na vida, sua profissão e pela divisão do trabalho.

B. A BASE REAL DA IDEOLOGIA

1. Trocas[1] e Força Produtiva

A maior divisão do trabalho material e intelectual é a separação entre a cidade e o campo. A oposição entre a cidade e o campo surge com a passagem da barbárie para a civilização, da organização tribal para o Estado, do provincialismo para a nação, e persiste através de toda a história da civilização até nossos dias (a Anti Corn Law League[2]). – A existência da cidade implica ao mesmo tempo a necessidade da administração, da polícia, dos impostos etc., em uma palavra, a necessidade da organização comunitária e, portanto, da política em geral. Foi então que surgiu pela primeira vez a divisão da população em duas grandes classes, divisão essa que repousa diretamente sobre a divisão do trabalho e os instrumentos de produção. A cidade constitui o espaço da concentração, da população, dos instrumentos de produção, do capital, dos prazeres e das necessidades, ao passo que o campo evidencia o oposto, o isolamento e a dispersão. A oposição entre a cidade e o campo só pode existir no âmbito da propriedade privada. Ela é a expressão mais flagrante da subordinação do indivíduo à divisão do trabalho, a uma determinada atividade que lhe é imposta. Esta subordinação faz de um indivíduo um animal das cidades e do outro um animal dos campos, tanto um quanto o outro limitados, e faz renascer a cada dia a oposição de interesses entre as duas partes. Aqui também o trabalho é o dado capital, o poder *sobre* os indivíduos e, enquanto esse poder existir, haverá também uma propriedade privada. A abolição dessa oposição entre a cidade e o campo é uma das primeiras condições da comunidade, e essa condição depende por sua vez de um conjunto de condições materiais prévias, que a simples vontade não é suficiente para concretizar, como todo o mundo pode constatar logo à primeira vista. (É preciso que essas condições estejam também desenvolvidas.) Pode-se também entender a separação entre a cidade e o campo como a separação entre o capital e a propriedade fundiária, como o início de uma existência e de um desenvolvimento do capital independentes da propriedade fundiária, como o início de uma propriedade que tem como única base o trabalho e a troca.

Na Idade Média, nas cidades que não foram construídas no período histórico anterior, mas que se formaram povoando-se de servos libertos, o trabalho particular de cada um era sua única propriedade, além do pequeno capital que cada um trazia e que se compunha quase exclusivamente dos utensílios mais indispensáveis. A concorrência dos servos fugitivos que não cessavam de chegar às cidades, a guerra incessante do campo contra as cidades e conseqüentemente a necessidade de uma força militar urbana organizada, o elo constituído pela propriedade em comum de um determinado trabalho, a necessidade de construções coletivas para a venda de suas mercadorias, numa época em que os artesãos eram também comerciantes, e proibição de que pessoas não qualificadas usassem essas construções, a oposição dos interesses das diferentes profissões, a necessidade de proteger um trabalho aprendido com dificuldade e a organização feudal do país inteiro levaram os trabalhadores de cada profissão a se unir em corporações. Não nos cabe aprofundar aqui as múltiplas modificações do sistema das corporações, introduzidas pelos desenvolvimentos históricos ulteriores. O êxodo dos servos para as cidades prosseguiu sem interrupção durante toda a Idade Média. Esses servos, perseguidos no campo pelos seus senhores, chegavam um a um às cidades, onde encontravam uma comunidade organizada, contra a qual eram impotentes e no interior da qual eram obrigados a aceitar a situação que lhes era conferida pela necessidade que se tinha de seu trabalho e pelos interesses de seus concorrentes organizados da cidade. Esses trabalhadores, que chegavam isoladamente, jamais conseguiram ser uma força, porque ou seu trabalho era da alçada de uma corporação e devia ser aprendido, e então os mestres da corporação os submetiam às suas leis e os organizavam segundo os seus interesses; ou então seu trabalho não exigia aprendizagem, não era da esfera de uma corporação, era um trabalho de diaristas e, neste caso, nunca chegavam a criar uma organização e permaneciam como uma plebe desorganizada. A necessidade do trabalho de diaristas nas cidades criou a plebe.

Essas cidades formavam verdadeiras "associações" geradas pela necessidade imediata, a preocupação de proteção à propriedade, e aptas a multiplicar os meios de produção e os meios de defesa de seus membros individualmente. A plebe dessas cidades, composta de indivíduos estranhos uns aos outros e que chegavam separadamente, achava-se sem organização face a uma força organizada, equipada para a guerra e que os vigiava ciosamente; e isso explica por que ela própria foi privada de qualquer poder. Companheiros e aprendizes eram organizados em cada profissão de modo a servir melhor aos interesses dos mestres. As relações patriarcais que existiam entre eles e seus mestres conferiam a estes um duplo poder. Tinham, por um lado, uma influência direta sobre toda a vida dos companheiros; por outro lado, como as relações representavam um verdadeiro vínculo para os companheiros que trabalhavam para um mesmo mestre, eles constituíam um bloco em face dos companheiros dos outros mestres, e isso os separava deles; finalmente, os companheiros já estavam ligados ao regime existente só pelo fato de terem interesse de se tornar eles próprios mestres. Por conseguinte, enquanto a plebe se amotinava contra toda a ordem municipal, em motins que, dada a sua impotência, eram perfeitamente inoperantes, os companheiros não foram além de pequenas rebeliões dentro de corporações isoladas, como se vê em todo regime corporativo. As grandes sublevações da Idade Média partiram todas do campo, mas se destinaram todas ao fracasso, em razão do isolamento em que viviam os camponeses e da sua rudeza, conseqüência disso.

Nas cidades, a divisão do trabalho se fazia ainda de maneira perfeitamente espontânea entre as diferentes corporações, mas não se estabelecia de maneira alguma entre os trabalhadores tomados isoladamente, dentro das próprias corporações. Cada trabalhador devia estar apto a executar todo um ciclo de trabalhos. Devia estar em condições de fazer absolutamente tudo o que podia ser feito com suas ferramentas; as trocas restritas, a pouca ligação entre as cidades, a rarefação da população e a exigüidade das necessidades tampouco favoreciam uma divisão do trabalho mais avançada, e, por isso, quem quisesse tornar-se mestre devia conhecer todos os aspectos da sua profissão. Por isso encontra-se ainda entre os artesãos da Idade Média um interesse por seu trabalho particular e pela habilidade nesse trabalho que pode elevar-se até a um certo sentido artístico. E é também por isso que cada artesão da Idade Média se entregava inteiramente a seu trabalho; tinha para com ele uma relação de sujeição sentimental e a ele estava muito mais subordinado do que o trabalhador moderno, que é indiferente para com seu trabalho.

Nas cidades, o capital era um capital natural que consistia em alojamento, ferramentas e uma clientela natural hereditária, e transmitia-se forçosamente de pai para filho, devido ao estado ainda embrionário das trocas e à falta de circulação que impossibilitava a sua realização. Contrariamente ao capital moderno, não era um capital que se pudesse avaliar em dinheiro, pouco importando que fosse investido numa coisa ou em outra; era um capital ligado diretamente ao trabalho determinado do seu possuidor, inseparável desse trabalho, e portanto um capital *ligado a um estado*[3].

A extensão da divisão do trabalho que se seguiu foi a separação entre a produção e o comércio, a formação de uma classe particular de comerciantes, separação essa que já era um fato nas cidades antigas (com os judeus, entre outros) e que logo surgiu nas cidades de formação recente. Isso implicava a possibilidade de uma ligação comercial que ultrapassava os arredores imediatos e a realização dessa possibilidade dependia dos meios de comunicação existentes, do estado da segurança pública no campo, condicionado esse estado pelas relações políticas (sabe-se que durante toda a Idade Média os comerciantes viajavam em caravanas armadas); dependia também das necessidades do território acessível ao comércio, necessidades essas cujo grau de desenvolvimento era determinado, em cada caso, pelo nível de civilização.

A constituição de uma classe particular dedicada ao comércio, a extensão do comércio para além dos arredores mais próximos da cidade graças aos negociantes, fizeram logo surgir uma ação recíproca entre a produção e o comércio. As cidades entram em contato *entre si*, transferem-se de uma cidade para a outra instrumentos novos e a divisão da produção e do comércio rapidamente suscita uma nova divisão da produção entre as diferentes cidades, cada uma explorando um ramo de indústria predominante. A limitação primitiva, o provincialismo, começam pouco a pouco a desaparecer.

Na Idade Média, os burgueses eram obrigados a se unir, em cada cidade, contra a nobreza do campo, para se defender; a extensão do comércio, o estabelecimento das comunicações levaram cada cidade a conhecer outras cidades que tinham feito triunfar os mesmos interesses, lutando contra os mesmos inimigos. Só muito lentamente a *classe* burguesa se formou a partir das numerosas burguesias locais das diversas cidades. A oposição às relações existentes e também o modo de trabalho que essa oposição condicionava transformaram ao mesmo tempo as condições de vida de cada burguês em particular, para fazer delas condições de vida comuns a todos os burgueses e independentes de cada indivíduo isolado. Os burgueses tinham criado essas condições na medida em que se tinham desligado da associação feudal, e eles tinham sido criados por essas condições, na medida em que estavam determinados por sua oposição ao feudalismo existente. Com a ligação entre as diferentes cidades, essas condições comuns transformaram-se em condições de classe. As mesmas condições, a mesma oposição, os mesmos interesses deviam engendrar os mesmos costumes por toda parte. A própria burguesia só se desenvolve pouco a pouco, ao mesmo tempo que lhe são dadas as condições próprias para isso; por sua vez ela se divide em diferentes frações, segundo a divisão do trabalho, e acaba por absorver em seu âmbito todas as classes proprietárias já existentes (enquanto ela transforma em uma nova classe, o proletariado, a maioria da classe não proprietária e uma parte da classe até então proprietária)[4], na medida em que toda a propriedade existente é convertida em capital comercial ou industrial. Os indivíduos isolados só formam uma classe na medida em que devem travar uma luta comum contra uma outra classe; quanto ao mais, eles se comportam como inimigos na concorrência. Por outro lado, a classe torna-se, por sua vez, independente em relação aos indivíduos, de maneira que estes têm suas condições de vida estabelecidas antecipadamente, recebem de sua classe, já delineada, sua posição na vida e ao mesmo tempo seu desenvolvimento pessoal; são subordinados à sua classe. É o mesmo fenômeno da subordinação dos indivíduos isolados à divisão do trabalho, e este fenômeno só pode ser suprimido se for suprimida a propriedade privada e o próprio trabalho. Várias vezes indicamos como essa subordinação dos indivíduos à sua classe torna-se ao mesmo tempo a subordinação a todos os tipos de representações etc.

Depende unicamente da extensão das trocas a possibilidade de aproveitar ou não para o desenvolvimento ulterior forças produtivas desenvolvidas em uma localidade, sobretudo as invenções. Enquanto não existirem relações comerciais para além dos arredores mais próximos, deve-se fazer a mesma invenção em particular em cada localidade, e bastam puros acasos, como a invasão de povos bárbaros e até mesmo as guerras habituais, para obrigar um país que tem forças produtivas e necessidades desenvolvidas a recomeçar do zero. Nos primórdios da história, era preciso recriar cada invenção diariamente e realizá-la de maneira independente em cada localidade. O exemplo dos fenícios mostra-nos até que ponto as forças produtivas desenvolvidas, mesmo com um comércio relativamente bastante amplo, estão pouco a salvo da destruição completa, pois a maioria de suas invenções desapareceram, e por muito tempo, porque esse povo foi eliminado do comércio e conquistado por Alexandre, o que provocou sua decadência. O mesmo acontece, por exemplo, na Idade Média com a pintura sobre vidro. A continuidade das forças produtivas adquiridas só é assegurada a partir do dia em que o comércio se torna um comércio mundial que tem por base a grande indústria e todas as nações são arrastadas na luta da concorrência.

A divisão do trabalho entre as diferentes cidades teve como primeira conseqüência o nascimento das manufaturas, ramos da produção que escapam ao sistema corporativo. O primeiro desabrochar das manufaturas – na Itália e mais tarde em Flandres – teve como condição histórica prévia o comércio com as nações estrangeiras. Nos outros países – a Inglaterra e a França, por exemplo –, as manufaturas se limitaram, no começo, ao mercado interno. Além das condições prévias já indicadas, as manufaturas exigem ainda, para se estabelecerem, uma concentração elevada da população – sobretudo no campo – e também do capital que começava a se acumular em um pequeno número de mãos, em parte nas corporações, apesar dos regulamentos administrativos, e em parte entre os comerciantes.

O trabalho que dependia de início do uso de uma máquina, por mais rudimentar que fosse, logo se revelou o mais suscetível de desenvolvimento. A tecelagem, que os camponeses praticavam até então no campo como atividade suplementar para obterem seu vestuário, foi o primeiro trabalho que recebeu um impulso e teve o mais amplo desenvolvimento graças à extensão das relações comerciais. A tecelagem foi a primeira e continuou sendo a principal atividade manufatureira. A procura de tecidos para roupas, que aumentava proporcionalmente ao crescimento da população, o começo da acumulação e da mobilização do capital primitivo, graças a uma circulação acelerada, a necessidade de luxo que daí resultou e que favoreceu sobretudo a extensão progressiva do comércio, deram à tecelagem um impulso que a arrancou da forma de produção anterior tanto na quantidade como na qualidade. Ao lado dos camponeses que teciam para satisfazer suas necessidades pessoais, que continuaram a subsistir, e que existem ainda hoje, nasceu nas cidades uma nova classe de tecelões cujos produtos eram destinados a todo o mercado interno e, muitas vezes, aos mercados externos.

A tecelagem, trabalho que quase sempre exige pouca habilidade e que bem depressa se subdividiu em uma infinidade de ramos, era, naturalmente, refratária às cadeias da corporação. Por isso, foi praticada sobretudo nas aldeias e povoados sem organização corporativa que pouco a pouco se tornaram cidades e, até rapidamente, as mais florescentes cidades em cada país.

Com a manufatura libertada da corporação, as relações de propriedade também se transformaram imediatamente. O primeiro passo à frente para ultrapassar o capital naturalmente acumulado no quadro de uma ordem social foi marcado pelo aparecimento dos comerciantes que possuíam de início um capital móvel, portanto um capital no sentido moderno da palavra, tanto quanto era possível nas condições de vida da época. O segundo progresso foi marcado pela manufatura que mobilizou por sua vez um grande volume do capital primitivo e aumentou de modo geral o volume do capital móvel em relação ao capital primitivo.

A manufatura tornou-se ao mesmo tempo um refúgio para os camponeses, contra as corporações que os excluíam ou que lhes pagavam mal, como antigamente as cidades corporativas lhes tinham servido de refúgio contra [a nobreza do campo que os oprimia].

O começo das manufaturas foi marcado ao mesmo tempo por um período de vagabundagem, causado pelo desaparecimento das tropas armadas feudais e pela desmobilização dos exércitos que tinham sido reunidos e que os reis utilizaram contra os seus vassalos, e causado também pelos melhoramentos da agricultura e a transformação de vastas zonas de terras de cultura em pastagens. Daí decorre que a vagabundagem está ligada exatamente à decomposição do feudalismo. Desde o século XIII, registram-se alguns períodos desse tipo, mas a vagabundagem só se estabeleceu de forma permanente e generalizada no fim do século XV e começo do século XVI. Os vagabundos eram tantos que o rei Henrique VIII, da Inglaterra, entre outros, mandou enforcar 72.000 deles, e foi preciso uma extrema miséria para obrigá-los a trabalhar e isso com enormes dificuldades e após uma longa resistência. A rápida prosperidade das manufaturas, sobretudo na Inglaterra, absorveu-os progressivamente.

Com a manufatura, as diferentes nações entraram em relações de concorrência, iniciaram uma luta comercial que foi travada por meio de guerras, de direitos aduaneiros protecionistas e de proibições, ao passo que anteriormente só tinham praticado entre si, quando mantinham relações, trocas inofensivas. Daí por diante o comércio passa a ter uma significação política.

A manufatura acarretou ao mesmo tempo uma mudança das relações entre trabalhador e empregador. Nas corporações, as relações patriarcais entre os companheiros e o mestre subsistiam; na manufatura, foram substituídas por relações monetárias entre o trabalhador e o capitalista, as quais mantinham traços de patriarcalismo no campo e nas pequenas cidades, mas que, logo, perderam quase todo o matiz patriarcal nas cidades propriamente manufatureiras de certa importância.

A manufatura e o movimento da produção em geral tomaram um impulso prodigioso, em decorrência da ampliação do comércio propiciada pela descoberta da América e da rota marítima das Índias orientais. Os novos produtos importados das Índias, e principalmente as grandes quantidades de ouro e de prata que entraram em circulação, transformaram totalmente a situação das classes sociais entre si e desfecharam um duro golpe na propriedade feudal fundiária e nos trabalhadores; as expedições dos aventureiros, a colonização, e, acima de tudo, o fato de os mercados terem ganho a amplitude de mercados mundiais, o que agora se tornava possível e se realizava cada dia mais, provocaram uma nova etapa de desenvolvimento histórico; mas não devemos deter-nos por mais tempo aqui. A colonização dos países recém- descobertos forneceu um novo sustento para a luta comercial que se travava entre as nações e por conseguinte essa luta teve uma amplitude e uma ferocidade maiores.

A expansão do comércio e da manufatura aceleraram a acumulação do capital móvel, ao passo que, nas corporações que não recebiam nenhum estímulo para aumentar sua produção, o capital primitivo permanecia estável ou até diminuía. O comércio e a manufatura criaram a grande burguesia; nas corporações, efetuou-se a concentração da pequena burguesia, que daí por diante não mais reinava nas cidades como anteriormente, mas devia submeter-se ao domínio dos grandes comerciantes e dos *manufacturiers*[5]. Daí o declínio das corporações ao entrarem em contato com a manufatura.

As relações comerciais entre as nações tomaram dois aspectos diferentes no período de que falamos. No começo, a pequena quantidade de ouro e de prata em circulação determinou a proibição de exportar esses metais; e a necessidade de ocupar a crescente população das cidades tornou necessária a indústria, importada do estrangeiro na maioria das vezes; e esta indústria não podia dispensar os privilégios que seriam naturalmente concedidos não somente contra a concorrência interna, mas sobretudo contra a concorrência externa. Nessas primeiras proibições, o privilégio corporativo local foi estendido à nação inteira. Os direitos aduaneiros têm sua origem nos direitos que os senhores feudais impunham aos mercadores que atravessavam seu território, como resgate de pilhagem; esses direitos foram mais tarde impostos também pelas cidades e, com o aparecimento dos Estados modernos, foram o meio mais acessível para permitir ao fisco a arrecadação de dinheiro.

Essas medidas tomaram outro sentido com o aparecimento do ouro e da prata americanos nos mercados europeus, com o desenvolvimento progressivo da indústria, o rápido surto do comércio e suas conseqüências, a prosperidade da burguesia alheia às corporações e a importância crescente do dinheiro. O Estado, para o qual tornava-se cada dia mais difícil prescindir do dinheiro, manteve a proibição de exportar ouro e prata, unicamente por motivos de ordem fiscal; os burgueses, cujo objetivo principal era agora apoderarem-se dessa grande quantidade de dinheiro recentemente lançada no mercado, estavam plenamente satisfeitos; os privilégios existentes tornaram-se uma fonte de rendas para o governo e foram trocados por dinheiro; na legislação das alfândegas surgiram os direitos de exportação que, colocando simplesmente um obstáculo no caminho da indústria, tinham uma finalidade puramente fiscal.

O segundo período começou em meados do século XVII e durou até quase o fim do século XVIII. O comércio e a navegação se tinham desenvolvido mais rapidamente do que a manufatura, que desempenhava um papel secundário; as colônias começaram a se tornar grandes consumidores; à custa de longos combates, as diferentes nações dividiram entre si o mercado mundial que se abria. Esse período começa com as Leis sobre a Navegação[6] e os monopólios coloniais. Evitou-se tanto quanto possível, com tarifas, proibições, tratados, que as diversas nações pudessem fazer concorrência entre si; e, em última instância, foram as guerras, e sobretudo as guerras marítimas, que serviram para comandar a luta da concorrência e decidiram de seu resultado. A nação mais poderosa no mar, a Inglaterra, conservou a primazia no comércio e na manufatura. Vê-se aqui uma concentração em um único país.

A manufatura era constantemente garantida, no mercado nacional, por direitos protecionistas, por uma posição de monopólio no mercado colonial e o mais possível no mercado externo, mediante tarifas alfandegárias diferenciadas[7]. Foi favorecida a transformação de matéria-prima produzida no próprio país (lã e linho na Inglaterra, seda na França); interditou-se a exportação de matéria-prima produzida no local (lã na Inglaterra) e negligenciou-se ou dificultou-se a transformação de matéria importada (algodão na Inglaterra). A nação que possuía a supremacia no comércio marítimo e o poder colonial garantiu também naturalmente a maior expansão quantitativa e qualitativa da manufatura. A manufatura não podia absolutamente dispensar o protecionismo, sendo que a menor modificação produzida em outros países podia fazer com que ela perdesse seu mercado e ficasse arruinada; pois, se era facilmente introduzida em um país sob condições pouco favoráveis, também poderia ser destruída com a mesma facilidade. Por outro lado, pelo modo como foi praticada no campo, sobretudo no século XVIII, a manufatura está tão intimamente ligada às condições da vida de uma grande massa de indivíduos que nenhum país pode arriscar-se a pôr em jogo sua existência pela introdução da livre concorrência. Na medida em que consegue exportar, ela depende inteiramente da extensão ou da limitação do comércio e exerce sobre ele uma reação relativamente fraca. Daí, sua importância secundária [passagem rasurada no manuscrito] e a influência dos comerciantes do século XVIII. Foram os comerciantes, e particularmente os armadores, que, mais do que todos os outros, insistiram no protecionismo do Estado e nos monopólios; os donos das manufaturas pediram e obtiveram, na verdade, também eles, essa proteção, mas cederam sempre o lugar aos comerciantes no que diz respeito à importância política. As cidades comerciais, as cidades portuárias em particular, alcançaram um grau de civilização relativo e se tornaram cidades de grande burguesia, ao passo que nas cidades industriais subsistiu mais o espírito pequeno-burguês. Cf. Aikin[8], por exemplo. O século XVIII foi o século do comércio. Pinto o diz expressamente: *"Le commerce est la marotte du siècle"*[9]; e *"depuis quelque temps il n'est plus question que de commerce, de navigation et de marine"*[10].

Esse período é também caracterizado pela suspensão da proibição de exportar ouro e prata, pelo nascimento do comércio do dinheiro, dos bancos, das dívidas do Estado, do papel-moeda, das especulações sobre os fundos e as ações, da agiotagem sobre todos os artigos, do desenvolvimento do sistema monetário em geral. O capital perdeu novamente uma grande parte do caráter natural que ainda lhe era inerente.

A concentração do comércio e da manufatura em um único país, a Inglaterra, tal como se desenvolveu sem interrupção no século XVII, criou progressivamente para esse país um mercado mundial relativo e suscitou por isso mesmo uma demanda dos produtos ingleses manufaturados, que as forças produtivas industriais anteriores não podiam mais satisfazer. Essa demanda que ultrapassava as forças produtivas foi a força motriz que suscitou o terceiro período da propriedade privada desde a Idade Média, criando a grande indústria – a utilização das forças da natureza para fins industriais, o maquinário e a divisão do trabalho mais desenvolvida. As outras condições dessa nova fase, tais como a liberdade da concorrência no âmbito da nação, o aperfeiçoamento da mecânica teórica etc., já existiam na Inglaterra (a mecânica aperfeiçoada por Newton era, aliás, a ciência mais popular na França e na Inglaterra no século XVIII). (Quanto à livre concorrência no âmbito da nação, foi preciso uma revolução por toda parte para conquistá-la – em 1640 e em 1688 na Inglaterra, em 1789 na França.) A concorrência obrigou logo cada país que quisesse conservar seu papel histórico a proteger suas manufaturas com novas medidas alfandegárias (pois as antigas não prestavam mais nenhuma ajuda contra a grande indústria) e a introduzir pouco depois a grande indústria acompanhada de tarifas protecionistas. Apesar desses meios de proteção, a grande indústria tornou a concorrência universal (ela representa a liberdade comercial prática, e as medidas alfandegárias protecionistas representam para elas apenas um paliativo, uma arma de defesa *no interior* da liberdade do comércio), estabeleceu os meios de comunicação e o mercado mundial moderno, colocou o comércio sob o seu domínio, transformou todo o capital em capital industrial e deu origem, assim, à circulação (aperfeiçoamento do sistema monetário) e à centralização rápida de capitais. Por meio da concorrência universal, ela forçou todos os indivíduos a uma tensão máxima da sua energia. Aniquilou o mais possível a ideologia, a religião, a moral etc. e, quando isso lhe era impossível, fez delas mentiras flagrantes. Foi ela que criou de fato a história mundial, na medida em que fez depender do mundo inteiro cada nação civilizada, e cada indivíduo para satisfazer suas necessidades, e na medida em que aniquilou nas diversas nações a identidade própria que até então lhes era natural. Subordinou a ciência da natureza ao capital e privou a divisão do trabalho de sua última aparência de fenômeno natural. De modo geral, aniquilou todo elemento natural na medida em que isso é possível no âmbito do trabalho, e conseguiu dissolver todas as relações naturais para transformá-las em relações monetárias. No lugar das cidades nascidas naturalmente, criou as grandes cidades industriais modernas que brotaram como cogumelos. Por toda a parte onde penetrou, ela destruiu o artesanato e, de modo geral, todos os estágios anteriores da indústria. Completou a vitória da cidade comercial sobre o campo. Sua condição primeira é o sistema automático. Seu desenvolvimento criou uma quantidade de forças produtivas para as quais a propriedade privada se tornou um entrave, tanto quanto a corporação tinha sido para a manufatura, e tanto quanto a pequena exploração rural tinha sido para o artesanato em vias de desenvolvimento. Tais forças produtivas alcançam com a propriedade privada um desenvolvimento exclusivamente unilateral, tornam-se, em sua maior parte, forças destrutivas, e um grande número delas não pode encontrar a menor utilização sob o seu regime. Em geral, a grande indústria criou por toda parte as mesmas relações entre as classes da sociedade e destruiu por isso o caráter particular das diferentes nacionalidades. E finalmente, enquanto a burguesia de cada nação conserva ainda interesses nacionais particulares, a grande indústria criou uma classe cujos interesses são os mesmos em todas as nações e para a qual a nacionalidade já está abolida, uma classe que realmente se desvencilhou do mundo antigo e que ao mesmo tempo a ele se opõe. Não só as relações com o capitalista se tornam insuportáveis para o operário, mas também seu próprio trabalho.

É óbvio que a grande indústria não chega ao mesmo nível de aperfeiçoamento em todas as localidades de um mesmo país. Mas isso não detém o movimento de classe do proletariado, pois os proletários gerados pela grande indústria colocam-se à frente desse movimento, arrastando consigo toda a massa e visto que os trabalhadores excluídos da grande indústria são lançados em uma situação ainda pior que os próprios trabalhadores da grande indústria. Do mesmo modo, os países onde se desenvolveu uma grande indústria atuam em relação aos países mais ou menos desprovidos de indústria, na medida em que estes últimos são arrastados pelo comércio mundial na luta da concorrência universal[11].

Essas diversas formas são outras tantas formas da organização do trabalho e ao mesmo tempo da propriedade. Em cada período produziu-se uma união das forças produtivas existentes, na medida em que as necessidades tornaram isso uma exigência.

2. Relações do Estado e do direito com a propriedade

No mundo antigo, como também na Idade Média, a primeira forma da propriedade é a propriedade tribal, condicionada principalmente entre os romanos pela guerra e entre os germanos pela pecuária. Entre os povos antigos, com várias tribos coabitando em uma mesma cidade, a propriedade da tribo aparece como propriedade de Estado, e o direito do indivíduo a essa propriedade aparece como uma simples *possessio* que no entanto se limita, aliás a exemplo da propriedade tribal, apenas à propriedade fundiária. A propriedade privada, propriamente dita, começa, entre os povos antigos como entre os modernos, com a propriedade mobiliária. – (Escravatura e comunidade) (*dominium ex jure quiritum*[12]). Entre os povos que emergem da Idade Média, a propriedade tribal evolui então passando por estágios diferentes – propriedade fundiária feudal, propriedade mobiliária corporativa, capital manufatureiro – até chegar ao capital moderno, condicionado pela grande indústria e pela concorrência universal, que representa a propriedade privada no estado puro, despojada de todo aspecto de coletivo e tendo excluído toda ação do Estado sobre o desenvolvimento da propriedade. É a esta propriedade privada moderna que corresponde o Estado moderno, adquirido pouco a pouco pelos proprietários privados através dos impostos, tendo caído inteiramente nas suas mãos por força do sistema da dívida pública e cuja existência depende exclusivamente, pelo jogo da alta e da baixa dos valores do Estado na Bolsa, do crédito comercial que lhes é concedido pelos proprietários privados, os burgueses. Por ser uma *classe* e não mais um *estamento*, a burguesia é obrigada a se organizar no plano nacional, e não mais no plano local, e a dar uma forma universal aos seus interesses comuns. Com a emancipação da propriedade privada em relação à comunidade, o Estado adquiriu uma existência particular ao lado da sociedade civil e fora dela; mas este Estado não é outra coisa senão a forma de organização que os burgueses dão a si mesmos por necessidade, para garantir reciprocamente sua propriedade e os seus interesses, tanto externa quanto internamente. A independência do Estado não existe mais hoje em dia a não ser nos países onde os estamentos ainda não atingiram completamente, em seu processo de desenvolvimento, o estágio de classes e desempenham ainda um papel, ao passo que são eliminadas nos países mais evoluídos, em países, portanto, onde existe uma situação mista e nos quais, por conseguinte, nenhuma parcela da população pode vir a dominar as outras. É este, especialmente, o caso da Alemanha. O exemplo de Estado moderno mais aperfeiçoado é a América do Norte. Os escritores franceses, ingleses e americanos modernos chegam todos, sem exceção, a declarar que o Estado só existe devido à propriedade privada, tanto assim que essa convicção passou à consciência comum.

Sendo o Estado, portanto, a forma pela qual os indivíduos de uma classe dominante fazem valer seus interesses comuns e na qual se resume toda a sociedade civil de uma época, conclui-se que todas as instituições comuns passam pela mediação do Estado e recebem uma forma política. Daí a ilusão de que a lei repousa na vontade, e, mais ainda, em uma vontade *livre*, destacada da sua base concreta. Da mesma maneira, o direito por sua vez reduz-se à lei.

A dissolução da comunidade natural engendra o direito privado, assim como a propriedade privada, que se desenvolve simultaneamente. Entre os romanos, o desenvolvimento da propriedade privada e do direito privado não teve nenhuma conseqüência industrial ou comercial ulterior, porque todo o seu modo de produção permanecia o mesmo[13]. Entre os povos modernos, tendo a indústria e o comércio provocado a dissolução da comunidade feudal, o nascimento da propriedade privada e do direito privado marcou o início de uma nova fase, suscetível de um desenvolvimento ulterior. Amalfi[14], primeira cidade da Idade Média que teve um comércio marítimo de vulto, foi também a primeira a elaborar o direito marítimo. Na Itália, primeiramente, e mais tarde em outros países, quando o comércio e a indústria provocaram um desenvolvimento mais considerável da propriedade privada, retomou-se imediatamente o direito privado dos romanos já elaborado, que foi elevado à categoria de autoridade. Mais tarde, quando a burguesia adquiriu poder suficiente, de tal modo que os príncipes defendessem os seus próprios interesses, utilizando essa burguesia como um instrumento para derrubar a classe feudal, o desenvolvimento propriamente dito do direito começou em todos os países – na França no século XVI –, e em todos os países, com exceção da Inglaterra, esse desenvolvimento se efetuou com base no direito romano. Mesmo na Inglaterra, tiveram de introduzir princípios do direito romano (particularmente para a propriedade mobiliária) para continuar aperfeiçoando o direito privado. (Não esqueçamos que o direito, do mesmo modo que a religião, não tem uma história própria.)

No direito privado, exprimem-se as relações de propriedade existentes como sendo o resultado de uma vontade geral. O próprio *jus utendi et abutendi*[15] exprime, por um lado, o fato de que a propriedade privada se tornou completamente independente da comunidade e, por outro lado, a ilusão de que essa propriedade privada repousa sobre a simples vontade privada, sobre a livre disposição das coisas. Na prática, o *abuti*[16] tem limites econômicos bem determinados para o proprietário privado, se este não quiser ver sua propriedade, e com ela seu *jus abutendi*, passar para outras mãos; pois, afinal de contas, a coisa, considerada unicamente em suas relações com sua vontade, não é absolutamente nada, mas somente no comércio, e independentemente do direito, torna-se uma coisa, uma propriedade real (uma *relação*, aquilo que os filósofos chamam uma idéia[17]).

Essa ilusão jurídica, que reduz o direito à simples vontade, leva fatalmente, com o ulterior desenvolvimento das relações de propriedade, a que alguém possa ter um título jurídico de uma coisa sem possuir realmente essa coisa. Suponhamos, por exemplo, que a renda de um terreno seja suprimida pela concorrência; o proprietário desse terreno conserva seu título jurídico sobre esse terreno bem como seu *jus utendi et abutendi*. Mas nada pode fazer dele, nem nada possui enquanto proprietário fundiário, se não possuir, além disso, capitais suficientes para cultivar o seu terreno. Essa mesma ilusão dos juristas explica que, para eles e para todos os códigos jurídicos, é meramente casual que, por exemplo, os indivíduos entrem em relações entre si, por contrato, e que, a seus olhos, relações desse gênero passem como sendo daquelas que podem subscrever ou não, segundo sua vontade, e cujo conteúdo repousa inteiramente na vontade arbitrária e individual das partes contratantes.

Cada vez que o desenvolvimento da indústria e do comércio criou novas formas de troca (por exemplo, companhias de seguros e outras), o direito foi regularmente obrigado a integrá-las nos modos de aquisição da propriedade.

Nada é mais comum do que a idéia de que até agora na história só se tratou de *conquistas* (*Nehmen*). Os bárbaros conquistam o Império Romano, e essa conquista explica a passagem do mundo antigo para o feudalismo. Mas nessa conquista pelos bárbaros é preciso saber se a nação que foi conquistada desenvolveu forças produtivas industriais, como acontece entre os povos modernos, ou se suas forças produtivas repousam unicamente sobre sua concentração e sobre a comunidade. A conquista é também condicionada pelo objeto que se conquista. Ninguém pode absolutamente apoderar-se da fortuna de um banqueiro, que consiste em papéis, sem se submeter às condições de produção e de circulação do país conquistado. O mesmo acontece em relação a todo o capital industrial de um país industrial moderno. E, em última análise, a conquista termina rapidamente em todos os lugares e, quando nada mais existe para conquistar, é preciso, certamente, começar a produzir. Decorre dessa necessidade de produzir, que se manifesta muito cedo, que a forma de comunidade adotada pelos conquistadores que se instalam deve corresponder ao estágio de desenvolvimento das forças de produção que eles encontram e, se de início assim não for, a forma de comunidade deve transformar-se em função das forças produtivas. Daí vem a explicação de um fato que se acredita ter sido notado em toda parte no período que se segue às grandes invasões: de fato, o servo era o mestre e os conquistadores logo adotaram a linguagem, a cultura e os costumes do país conquistado.

O feudalismo não foi absolutamente trazido pronto da Alemanha, mas teve sua origem, da parte dos conquistadores, na organização militar do exército durante a conquista, organização essa que se desenvolveu depois da conquista, sob o efeito das forças produtivas encontradas no país conquistado, para somente então se tornar o feudalismo propriamente dito. O fracasso das tentativas feitas para impor outras formas surgidas de reminiscências da Roma antiga (Carlos Magno, por exemplo) nos mostra até que ponto a forma feudal era condicionada pelas forças produtivas.

3. Instrumentos de Produção e Formas de Propriedade Naturais e Civilizadas

... é encontrado[18]. Do primeiro ponto resulta uma divisão do trabalho aperfeiçoada e um comércio amplo como condição prévia, resultando do segundo ponto o caráter local. No primeiro caso, devem-se reunir os indivíduos; no segundo caso, eles se encontram ao lado do instrumento de produção dado, eles próprios como instrumento de produção. Aqui aparece pois a diferença entre instrumentos de produção naturais e instrumentos de produção criados pela civilização. O campo cultivado (a água etc.) pode ser considerado como um instrumento de produção natural. No primeiro caso, para o instrumento de produção natural, os indivíduos são subordinados à natureza; no segundo caso, eles se subordinam a um produto do trabalho. No primeiro caso, a propriedade, aqui a propriedade fundiária, aparece portanto também como uma dominação imediata e natural; no segundo caso, essa propriedade aparece como uma dominação do trabalho e, no caso, do trabalho acumulado, do capital. O primeiro caso pressupõe que os indivíduos estejam unidos por um laço qualquer, seja a família, a tribo, ou o próprio solo etc. O segundo caso pressupõe que sejam independentes uns dos outros e só sejam mantidos juntos em virtude do intercâmbio. No primeiro caso, o intercâmbio é essencialmente um intercâmbio entre os homens e a natureza, uma troca em que o trabalho de uns é trocado pelo produto do outro; no segundo caso, é, de modo predominante, uma troca entre os próprios homens. No primeiro caso, basta uma inteligência média para o homem, a atividade corporal e a atividade intelectual ainda não estão absolutamente separadas; no segundo caso, a divisão entre o trabalho corporal e o trabalho intelectual já deve estar praticamente concluída. No primeiro caso, a dominação do proprietário sobre os não-possuidores pode repousar sobre relações pessoais, sobre uma espécie de comunidade; no segundo caso, ela deve ter tomado uma forma material, encarnar-se em um terceiro termo, o dinheiro. No primeiro caso, a pequena indústria existe, porém subordinada à utilização do instrumento de produção natural e, por isso mesmo, sem divisão do trabalho entre os diferentes indivíduos; no segundo caso, a indústria só existe na divisão do trabalho e por essa divisão.

Até agora partimos dos instrumentos de produção, e, neste caso, já era evidente a necessidade da propriedade privada para certos estágios industriais. Na *industrie extractive*[19], a propriedade privada coincide ainda plenamente com o trabalho; na pequena indústria e, até agora, em toda a agricultura, a propriedade é a conseqüência necessária dos instrumentos de trabalho existentes; na grande indústria, a contradição entre o instrumento de produção e a propriedade privada é apenas o produto dessa indústria que já deve estar bem desenvolvida para criá-lo. A abolição da propriedade privada também só é possível, portanto, com a grande indústria.

Na grande indústria e na concorrência, todas as condições de existência, as determinações e as limitações dos indivíduos se fundem nas duas formas mais simples: propriedade privada e trabalho. Com o dinheiro, qualquer tipo de troca e a própria troca aparecem para os indivíduos como acidentais. É pois da própria natureza do dinheiro que todas as relações até então tenham sido somente relações dos indivíduos que viviam em determinadas condições, e não relações entre indivíduos enquanto indivíduos. Essas condições reduzem-se agora a apenas duas: trabalho acumulado ou propriedade privada de um lado, trabalho real do outro lado. Se uma dessas condições desaparece, a troca é interrompida. Os próprios economistas modernos, Sismondi, por exemplo, Cherbuliez[20] etc. opõem *l'association des individus à l'association des capitaux*[21]. Por outro lado, os próprios indivíduos são completamente subordinados à divisão do trabalho e por isso mesmo colocados em dependência uns dos outros. Na medida em que, dentro do trabalho, ela se opõe ao trabalho, a propriedade privada nasce e se desenvolve por força da necessidade da acumulação e contínua, no inicio, a conservar a forma da comunidade, para se aproximar no entanto, cada vez mais, da forma moderna da propriedade privada em seu desenvolvimento posterior. De início a divisão do trabalho inclui também a divisão das *condições de trabalho*, instrumentos e materiais e, com essa divisão, o fracionamento do capital acumulado entre diversos proprietários e, em seguida, o fracionamento entre capital e trabalho, bem como as diversas formas da própria propriedade. Quanto mais a divisão do trabalho se aperfeiçoa, mais a acumulação aumenta e mais esse fracionamento se acentua também de maneira marcante. O próprio trabalho só pode subsistir sob condição desse fracionamento.

Dois fatos surgem portanto aqui[22]. Primeiro, as forças produtivas se apresentam como completamente independentes e desligadas dos indivíduos, como um mundo à parte, ao lado dos indivíduos. Isso tem sua razão de ser porque os indivíduos, dos quais são as forças, existem como indivíduos dispersos e em oposição uns aos outros, enquanto que essas forças, por outro lado, só são forças reais no comércio e na interdependência desses indivíduos. Portanto, por um lado, uma totalidade das forças produtivas que assumiram uma espécie de forma objetiva e não são mais para esses indivíduos as suas próprias forças, mas sim as da propriedade privada e, portanto, as dos indivíduos unicamente na medida em que são proprietários privados. Em nenhum período anterior as forças produtivas tinham assumido essa forma indiferente ao comércio dos indivíduos *enquanto* indivíduos, porque suas relações eram ainda limitadas. Por outro lado, vê-se evidenciar ante essas forças produtivas a maioria dos indivíduos de que essas forças se desligaram e que dessa forma se viram frustrados do conteúdo real da sua vida, tornaram-se indivíduos abstratos, mas que, por isso mesmo e somente então, foram colocados em condições de entrar em contato uns com os outros *enquanto indivíduos*.

O trabalho, único laço que os une ainda às forças produtivas e à sua própria existência, perdeu entre eles toda a aparência de manifestação de si, e só mantém sua vida estiolando-a. Nos períodos anteriores, a manifestação de si e a produção da vida material eram separadas pelo simples fato de que cabiam a pessoas diferentes e pelo fato de que a produção da vida material era tida ainda por uma manifestação de si de ordem inferior por causa do caráter limitado dos próprios indivíduos; hoje, manifestação de si e produção da vida material são de tal modo separadas que a vida material aparece como a finalidade, e a produção da vida material, isto é, o trabalho, como sendo o meio (sendo agora esse trabalho a única forma possível, mas, como vemos, negativa, da manifestação de si).

Chegamos hoje em dia ao ponto em que os indivíduos são obrigados a se apropriar da totalidade das forças produtivas existentes, não somente para chegar a uma manifestação de si, mas antes de tudo para garantir sua existência. Essa apropriação é condicionada, em primeiro lugar, pelo objeto de que ele quer se apropriar, neste caso as forças produtivas desenvolvidas até o nível de sua totalidade e existindo unicamente nos limites de trocas universais. Sob esse aspecto, essa apropriação deve necessariamente apresentar um caráter universal correspondente às forças produtivas e às trocas. A apropriação dessas forças é apenas, em si mesma, o desenvolvimento das faculdades individuais correspondentes aos instrumentos materiais de produção. Por isso mesmo, a apropriação de uma totalidade de instrumentos de produção já é o desenvolvimento de uma totalidade de faculdades nos próprios indivíduos. Essa apropriação é, além disso, condicionada pelos indivíduos que se apropriam. Somente os proletários da época atual, totalmente excluídos de toda atividade individual autônoma, estão em condições de chegar a um desenvolvimento total, e não mais limitado, que consiste na apropriação de uma totalidade de forças produtivas e no desenvolvimento de uma totalidade de faculdades que isso implica. Todas as apropriações revolucionárias anteriores eram limitadas. Indivíduos cuja atividade livre era limitada por um instrumento de produção limitado e por trocas limitadas apropriavam-se desse instrumento de produção limitado e assim chegavam apenas a uma nova limitação. Seu instrumento de produção tornava-se propriedade sua, mas eles próprios permaneciam subordinados à divisão do trabalho e ao seu próprio instrumento de produção. Em todas as apropriações anteriores, uma grande quantidade de indivíduos permanecia subordinada a um só instrumento de produção; na apropriação pelos proletários, uma grande massa de instrumentos de produção fica necessariamente subordinada a cada indivíduo, e a propriedade é subordinada a todos. As trocas universais modernas só podem ser subordinadas aos indivíduos se forem subordinadas a todos.

A apropriação é também condicionada pela forma particular com que necessariamente ela se faz. Ela, por sua vez, só pode efetuar-se por meio de uma união obrigatoriamente universal, pelo próprio caráter do proletariado, e por uma revolução que, por um lado, subverterá a força do modo de produção e de troca anterior, assim como a força da estrutura social anterior, e que, por outro lado, desenvolverá o caráter universal do proletariado e a energia que lhe é necessária para levar a bom termo essa apropriação, uma revolução enfim em que o proletariado se despojará também de tudo o que lhe resta ainda da sua posição social anterior.

É somente nesse estágio que a manifestação da atividade individual livre coincide com a vida material, o que corresponde à transformação dos indivíduos em indivíduos completos e ao despojamento de todo o caráter imposto originariamente pela natureza; a esse estágio correspondem a transformação do trabalho em atividade livre e a transformação dos intercâmbios condicionados existentes num intercâmbio dos indivíduos como tais. Com a apropriação da totalidade das forças produtivas pelos indivíduos associados, a propriedade privada é abolida. Enquanto, na história anterior, cada condição particular aparecia sempre como acidental, agora se tornam acidentais o isolamento dos próprios indivíduos, o ganho privado de cada um.

Os indivíduos que não estão mais subordinados à divisão do trabalho são representados idealmente pelos filósofos sob o termo "homem", e eles compreenderam todo o processo que acabamos de desenvolver como sendo o desenvolvimento do "homem"; de sorte que, em todos os estágios da história passada, os indivíduos reais foram substituídos pelo "homem", que foi apresentado como a força motriz da história. Todo o processo foi compreendido, portanto, como processo de auto-alienação do "homem" e isso vem essencialmente do fato de que o indivíduo médio do período posterior foi sempre substituído pelo que pertencia ao período anterior e a consciência posterior foi sempre atribuída aos indivíduos anteriores[23]. Graças a essa inversão, que de início não leva em conta as condições reais, foi possível transformar toda a história em um processo de desenvolvimento da consciência.

A concepção da história que acabamos de desenvolver resulta finalmente no seguinte: 1. No desenvolvimento das forças produtivas, ocorre um estágio em que nascem forças produtivas e meios de circulação que só podem ser nefastos no quadro das relações existentes e não são mais forças produtivas, mas sim forças destrutivas (a máquina e o dinheiro) – e, em ligação com isso, nasce uma classe que suporta todos os ônus da sociedade, sem gozar das suas vantagens, que é expulsa da sociedade e se encontra forçosamente na oposição mais aberta a todas as outras classes, uma classe formada pela maioria dos membros da sociedade e da qual surge a consciência da necessidade de uma revolução radical, consciência que é a consciência comunista e pode se formar também, bem entendido, nas outras classes, quando toma conhecimento da situação dessa classe. 2. As condições nas quais se podem utilizar forças produtivas determinadas são as condições da dominação de uma classe determinada da sociedade; o poder social dessa classe, decorrendo do que ela possui, encontra regularmente sua expressão *prática* sob forma idealista no tipo de Estado peculiar a cada época; é por isso que qualquer luta revolucionária é dirigida contra uma classe que dominou até então[24]. 3. Em todas as revoluções anteriores, o modo de atividade permanecia inalterado e se tratava apenas de uma outra distribuição dessa atividade, de uma nova divisão do trabalho entre outras pessoas; a revolução comunista, ao contrário, é dirigida contra o *modo* de atividade anterior, ela suprime o *trabalho*[25] e extingue a dominação de todas as classes abolindo as próprias classes, porque ela é efetuada pela classe que não é mais considerada como uma classe na sociedade, que não é mais reconhecida como tal, e que já é a expressão da dissolução de todas as classes, de todas as nacionalidades etc., no quadro da sociedade atual. 4. Uma ampla transformação dos homens se faz necessária para a criação em massa dessa consciência comunista, como também para levar a bom termo a própria coisa; ora, uma tal transformação só se pode operar por um movimento prático, por uma *revolução*; esta revolução não se faz somente necessária, portanto, só por ser o único meio de derrubar a classe *dominante*, ela é igualmente necessária porque somente uma revolução permitirá que a classe *que derruba a outra* varra toda a podridão do velho sistema e se torne apta a fundar a sociedade sobre bases novas[26].

C. COMUNISMO – PRODUÇÃO DO PRÓPRIO MODO DE TROCAS

O comunismo distingue-se de todos os movimentos que o antecederam até agora pelo fato de subverter as bases de todas as relações de produção e de trocas anteriores e de, pela primeira vez, tratar conscientemente todas as condições naturais prévias como criações dos homens que nos precederam até agora, de despojá-las do seu caráter natural e submetê-las ao poder dos indivíduos reunidos[1]. Por isso sua organização é essencialmente econômica, é a criação material das condições dessa união; faz das condições existentes as condições da união. O estado de coisas criado pelo comunismo constitui precisamente a base real que torna impossível tudo o que existe independentemente dos indivíduos – na medida, porém, em que esse estado de coisas existente é pura e simplesmente um produto das relações anteriores dos indivíduos entre si. Na prática, os comunistas tratam pois as condições criadas pela produção e o comércio antes deles como fatores inorgânicos, mas nem por isso imaginam que o plano ou a razão de ser das gerações anteriores tenham sido de lhes fornecer materiais, e não acreditam que essas condições tenham sido inorgânicas aos olhos daqueles que as criavam. A diferença entre o indivíduo pessoal e o indivíduo contingente não é uma distinção do conceito, mas sim um fato histórico. Essa distinção tem um sentido diferente em épocas diferentes: por exemplo, o estamento [enquanto contingência] para o indivíduo do século XVIII, e a família também *plus ou moins*[2]. É uma distinção que nós não precisamos fazer para cada época, mas que cada época faz por si mesma entre os diferentes elementos que ela encontra ao chegar, e isso não segundo um conceito, mas sob a pressão dos conflitos materiais da vida. O que aparece como contingente na época posterior, por oposição à época anterior, mesmo entre os elementos herdados dessa época anterior, é um modo de trocas que correspondia a um desenvolvimento determinado das forças produtivas. A relação entre forças produtivas e forma das trocas é a relação entre o modo das trocas e a ação ou a atividade dos indivíduos. (A forma fundamental dessa atividade é naturalmente a forma material de que depende qualquer outra forma intelectual, política, religiosa etc. Evidentemente, a forma diferente que a vida material assume é cada vez mais dependente das necessidades já desenvolvidas, e a produção dessas necessidades, exatamente como sua satisfação, é ela própria um processo histórico que nunca encontraremos em um carneiro ou em um cachorro [argumento capital de Stirner *adversus hominem*[3], de arrepiar os cabelos] embora carneiros e cachorros, sob sua forma atual, sejam, porém *malgré eux*[4], produtos de um processo histórico.) Como a contradição não apareceu, as condições nas quais os indivíduos entram em relações entre si são condições inerentes à sua individualidade; não lhes são de maneira alguma exteriores e únicas; elas permitem que esses indivíduos determinados, e existindo em condições determinadas, produzam sua vida material e tudo o que disso decorre; são portanto condições de sua afirmação ativa de si e são produzidas por essa afirmação de si[5]. Conseqüentemente, como a contradição ainda não surgiu, as condições determinadas, nas quais os indivíduos produzem, correspodem portanto à sua limitação efetiva, à sua existência limitada, cujo caráter limitado só se revela com o aparecimento da contradição e existe, por isso mesmo, para a geração posterior. Então, essa condição surge como um entrave acidental, então atribui-se também à época anterior a consciência de que ela era um entrave.

Essas diferentes condições, que aparecem primeiro como condições da manifestação de si, e mais tarde como entraves desta, formam em toda a evolução histórica uma seqüência coerente de modos de trocas cuja ligação consiste no fato de se substituir a forma de trocas anterior, que se tornou entrave, por uma nova forma que corresponde às forças produtivas mais desenvolvidas, e, por isso mesmo, ao modo mais aperfeiçoado da atividade dos indivíduos, forma que *à son tour*[6] torna-se um entrave e se vê então substituída por uma outra. Como a cada estágio essas condições correspondem ao desenvolvimento simultâneo das forças produtivas, sua história é ao mesmo tempo a história das forças produtivas que se desenvolvem e são retomadas por cada geração nova e é também a história do desenvolvimento das forças dos próprios indivíduos.

Esse desenvolvimento produzindo-se naturalmente, isto é, não estando subordinado a um plano de conjunto estabelecido por indivíduos livremente associados, parte de localidades diferentes, de tribos, de nações, de ramos de trabalho diferentes etc., cada um dos quais se desenvolve primeiro independentemente dos outros e só pouco a pouco entra em ligação com os outros. Além disso, ele só se processa muito lentamente; os diferentes estágios e interesses nunca são completamente ultrapassados, mas somente subordinados ao interesse que triunfa e durante séculos eles se arrastam a seu lado. Disso resulta que, no âmbito da mesma nação, os indivíduos têm desenvolvimentos completamente diferentes, mesmo sem considerar suas condições financeiras, e resulta igualmente que um interesse anterior, cujo modo de troca particular de relações já está suplantado por um outro, correspondente a um interesse posterior, fica muito tempo ainda em poder de uma força tradicional na comunidade aparente e que se tornou autônoma face aos indivíduos (Estado, direito); somente uma revolução é, em última instância, capaz de romper esse sistema. É o que explica igualmente por que razão, quando se trata de pontos singulares, que permitem uma síntese mais geral, a consciência pode parecer às vezes antecipar-se às relações empíricas contemporâneas, tanto que nas lutas de um período posterior é possível apoiar-se em teóricos anteriores como sendo uma autoridade.

Por outro lado, em países como a América do Norte, que começam a existir em um período histórico há muito desenvolvido, o desenvolvimento se faz com rapidez. Tais países só têm como condição natural prévia os indivíduos que neles se estabelecem e que para lá são levados pelos modos de trocas dos antigos países, modos esses que não correspondem mais às suas necessidades. Esses países começam portanto com os indivíduos mais evoluídos do Velho Mundo, e por isso com a forma de trocas mais desenvolvida correspondente a esses indivíduos, antes mesmo que esse sistema de trocas tenha podido impor-se nos antigos países[7]. É o que acontece em todas as colônias na medida em que não sejam simples bases militares ou comerciais. Exemplos disso são Cartago, as colônias gregas e a Islândia nos séculos XI e XII. Um caso análogo se apresenta na conquista, quando se traz pronto para o país conquistado o modo de trocas que se desenvolveu em uma outra terra; em seu país de origem, essa forma estava ainda sobrecarregada pelos interesses e pelas condições de vida das épocas anteriores, mas aqui, ao contrário, ela pode e deve implantar-se totalmente e sem entraves, nem que seja apenas para garantir um poder durável ao conquistador. (A Inglaterra e Nápoles, após a conquista normanda, na qual conheceram a forma mais aperfeiçoada da organização feudal.)

Portanto, segundo a nossa concepção, todos os conflitos da história têm sua origem na contradição entre as forças produtivas e o modo das trocas. Não é necessário, aliás, que em um país essa contradição seja levada ao extremo para provocar conflito nesse mesmo país. A concorrência com países cuja indústria é mais desenvolvida, concorrência essa provocada pela expansão do comércio internacional, basta para engendrar uma contradição desse tipo, mesmo nos países cuja indústria é menos desenvolvida (por exemplo, o proletariado latente na Alemanha cujo aparecimento é provocado pela concorrência da indústria inglesa).

Essa contradição entre as forças produtivas e o modo de trocas que, como vimos, já se produziu várias vezes na história até nossos dias, sem todavia comprometer sua base fundamental, teve, a cada vez, de provocar a eclosão de uma revolução, tomando ao mesmo tempo diversas formas acessórias, tais como totalidade dos conflitos, choques de diferentes classes, contradições da consciência, luta ideológica etc., luta política etc. De um ponto de vista limitado, pode-se logo abstrair uma dessas formas acessórias e considerá-la a base dessas revoluções, o que era tanto mais fácil quanto mais próprios os indivíduos de onde partiam as revoluções criavam ilusões sobre sua própria atividade, segundo seu grau de cultura e seu estágio de desenvolvimento histórico.

A transformação das forças pessoais (relações) em forças materiais causada pela divisão do trabalho não pode ser abolida pelo fator de se extirpar do cérebro essa representação geral, mas sim unicamente se os indivíduos subjugarem de novo essas forças materiais e abolirem a divisão do trabalho[8]. Isso não é possível sem a comunidade. É somente na comunidade [com outros que cada] indivíduo possui os meios de desenvolver suas faculdades em todos os sentidos; é somente na comunidade que a liberdade pessoal é possível. Nos sucedâneos de comunidades que até agora existiram, no Estado etc., a liberdade pessoal só existia para os indivíduos que se tinham desenvolvido nas condições da classe dominante e só na medida em que eram indivíduos dessa classe. A comunidade aparente, que os indivíduos tinham até então constituído, tomou sempre uma existência independente em relação a eles e, ao mesmo tempo, pelo fato de representar a união de uma classe em face de outra, ela representava não somente uma comunidade completamente ilusória para a classe dominada, mas também uma nova cadeia. Na comunidade real, os indivíduos adquirem sua liberdade simultaneamente com sua associação, graças a essa associação e nela.

Evidencia-se de todo o desenvolvimento histórico até os nossos dias que as relações comunitárias em que entram os indivíduos de uma classe, e que eram sempre condicionadas por seus interesses comuns em face de terceiros, consistiam sempre em uma comunidade que englobava esses indivíduos unicamente enquanto indivíduos médios, na medida em que eles viviam nas condições de existência da sua classe; eram portanto, em suma, relações nas quais eles participavam não enquanto indivíduos, mas sim enquanto membros de uma classe. Por outro lado, na comunidade dos proletários revolucionários que põem sob seu controle todas as suas próprias condições de existência e as de todos os membros da sociedade, ocorre o inverso: os indivíduos nela participam enquanto indivíduos. E (evidentemente desde que a associação dos indivíduos se faça dentro do quadro das forças produtivas que se supõem agora desenvolvidas) é essa reunião que põe sob seu controle as condições do livre desenvolvimento e movimento dos indivíduos, ao passo que elas tinham sido até então entregues ao acaso e tinham adotado uma existência autônoma em face dos indivíduos, precisamente pela sua separação enquanto indivíduos e a sua união necessária, implicada pela divisão do trabalho, mas que se tornou, devido à sua separação enquanto indivíduos, um laço que lhes era estranho. A associação até agora conhecida não era de modo algum a união voluntária (que se apresenta, por exemplo, no *Contrato Social*[9]), mas uma união necessária, baseada nas condições dentro das quais os indivíduos desfrutavam da contingência (comparar, por exemplo, a formação do Estado na América do Norte e as repúblicas da América do Sul). Esse direito de poder desfrutar com toda a tranqüilidade da contingência dentro de certas condições é o que se chamava até agora de liberdade pessoal. – Essas condições de existência são naturalmente apenas as forças produtivas e as formas das trocas de cada período.

Se considerarmos, do ponto de vista *filosófico*, o desenvolvimento dos indivíduos nas condições de existência comum dos estamentos e das classes que se sucedem historicamente e nas representações gerais que lhes são impostas por esse fato, é fácil, na verdade, imaginar que o gênero ou o homem se desenvolveram nesses indivíduos ou que eles desenvolveram o homem; visão imaginária que inflige duros golpes à história[10]. Podem-se então compreender essas diferentes ordens e diferentes classes como sendo especificações da expressão geral, como subdivisões do gênero, como fases de desenvolvimento do homem.

Essa subsunção dos indivíduos por determinadas classes não pode ser abolida enquanto não se tiver formado uma classe que não tenha mais que fazer prevalecer um interesse de classe particular contra a classe dominante.

Os indivíduos sempre partiram de si mesmos, naturalmente não do indivíduo "puro", no sentido dos ideólogos, mas sim deles mesmos, dentro de suas condições e de suas relações históricas. Mas fica evidente no curso do desenvolvimento histórico, e precisamente em virtude da independência adquirida pelas relações sociais, fruto inevitável da divisão do trabalho, que há uma diferença entre a vida de cada indivíduo, na medida em que ela é pessoal, e a sua vida na medida em que é subsumida por um ramo qualquer do trabalho e às condições inerentes a esse ramo. (Não se deve entender por isso que o rentista ou o capitalista, por exemplo, deixam de ser pessoas; mas sua personalidade é condicionada por relações de classe inteiramente determinadas e essa diferença só aparece em oposição a uma outra classe; e a eles próprios só aparece no dia em que abrem falência.) No estamento (e mais ainda na tribo), esse fato ainda permanece encoberto; por exemplo, um nobre permanece sempre um nobre, um *roturier* permanece sempre *roturier*[11], sem considerar as suas outras relações; é uma qualidade inseparável da sua individualidade. A diferença entre o indivíduo pessoal diante do indivíduo na sua qualidade de membro de uma classe e a contingência das condições de existência para o indivíduo só aparecem com a classe que é, ela própria, um produto da burguesia. É somente a concorrência e a luta entre os indivíduos que engendram e desenvolvem essa contingência como tal. Por conseguinte, na representação, os indivíduos são mais livres sob o domínio da burguesia do que antes, porque suas condições de existência lhes são contingentes; na realidade, eles são naturalmente menos livres sob o domínio da burguesia do que antes, porque estão muito mais subsumidos por um poder objetivo. A diferença com respeito à ordem aparece sobretudo na oposição entre burguesia e proletariado. Quando a ordem dos burgueses das cidades, as corporações etc. surgiram diante da nobreza fundiária, suas condições de existência, propriedade mobiliária e trabalho artesanal, que já tinham existido de forma latente antes de se separar da associação feudal, apareceram como algo positivo, que se fez valer contra a propriedade fundiária e que, de início, tomou então, a seu modo, a forma feudal. Sem dúvida os servos fugitivos consideravam seu estado de servidão anterior como algo contingente à sua personalidade: nisso, eles agiam simplesmente como o faz toda classe que se liberta de uma cadeia e, então, eles não se libertavam enquanto classe, mas sim isoladamente. Além disso, não saíram do domínio do sistema de estamentos, mas formaram somente um novo estamento e conservaram seu modo de trabalho anterior em sua nova situação e elaboraram esse modo de trabalho libertando-o dos vínculos do passado que já não correspondiam ao grau de desenvolvimento que ele havia atingido[12].

Entre os proletários, ao contrário, suas próprias condições de vida, o trabalho e, por isso, todas as condições de existência da sociedade atual tornaram-se para eles algo contingente, sobre o que os proletários isolados não tinham nenhum controle, e sobre o que nenhuma organização *social* pode dar-lhes o controle. A contradição entre a personalidade do proletário em particular, e as condições de vida que lhe são impostas, isto é, o trabalho, aparece-lhe com evidência, sobretudo porque ele já foi sacrificado desde a sua primeira juventude e não terá jamais a oportunidade de chegar, no âmbito de sua classe, às condições que o fariam passar para uma outra classe. Portanto, enquanto os servos fugitivos só queriam desenvolver livremente suas condições de existência já estabelecidas e fazê-las valer, mas só chegavam em última instância ao trabalho livre, os proletários, se quiserem afirmar-se enquanto pessoa, devem abolir sua própria condição de existência anterior, que é, ao mesmo tempo, a de toda a sociedade até hoje, quer dizer, abolir o trabalho[13]. Eles se colocam com isso em oposição direta à forma pela qual os indivíduos da sociedade até agora escolheram como expressão de conjunto, isto é, em oposição ao Estado, sendo-lhes preciso derrubar esse Estado para realizarem sua personalidade.

Anexo

Teses Sobre Feuerbach[1]

1. AD FEUERBACH

I

Até agora, o principal defeito de todo materialismo (inclusive o de Feuerbach) é que o objeto, a realidade, o mundo sensível só são apreendidos sob a forma de *objeto ou de intuição*, mas não como *atividade humana sensível*, enquanto *práxis*, de maneira não subjetiva. Em vista disso, o aspecto *ativo* foi desenvolvido pelo idealismo, em oposição ao materialismo – mas só abstratamente, pois o idealismo naturalmente não conhece a atividade real, sensível, como tal. Feuerbach quer objetos sensíveis, realmente distintos dos objetos do pensamento; mas ele não considera a própria atividade humana como atividade *objetiva*. É por isso que em *A Essência do Cristianismo* ele considera como autenticamente humana apenas a atividade teórica, ao passo que a práxis só é por ele apreendida e firmada em sua manifestação judaica sórdida. É por isso que ele não compreende a importância da atividade "revolucionária", da atividade "prático-crítica".

II

A questão de atribuir ao pensamento humano uma verdade objetiva não é uma questão teórica, mas sim uma questão prática. É na práxis que o homem precisa provar a verdade, isto é, a realidade e a força, a terrenalidade do seu pensamento. A discussão sobre a realidade ou a irrealidade do pensamento – isolado da práxis – é puramente *escolástica*.

III

A doutrina materialista que pretende que os homens sejam produtos das circunstâncias e da educação, e que, conseqüentemente, homens transformados sejam produtos de outras circunstâncias e de uma educação modificada[2], esquece que são precisamente os homens que transformam as circunstâncias e que o próprio educador precisa ser educado. É por isso que ela tende inevitavelmente a dividir a sociedade em duas partes, uma das quais está acima da sociedade (por exemplo, em Robert Owen)[3].

A coincidência da mudança das circunstâncias e da atividade humana ou automudança só pode ser considerada e compreendida racionalmente como práxis *revolucionária*.

IV

Feuerbach parte do fato de que a religião torna o homem estranho a si mesmo e duplica o mundo em um mundo religioso, objeto de representação[4], e um mundo profano⁵. Seu trabalho consiste em reduzir o mundo religioso à sua base profana. Ele não vê que, uma vez realizado esse trabalho, o principal ainda está por fazer⁶. O fato, principalmente, de que a base profana se desliga dela própria e se fixa nas nuvens, constituindo assim um reino autônomo, só pode se explicar precisamente pelo auto-rompimento e pela autocontradição dessa base profana. É preciso portanto primeiro compreender essa base na sua contradição⁷ para depois revolucioná-la praticamente, suprimindo a contradição. Portanto, uma vez que se descobriu, por exemplo, que a família terrestre é o segredo da família celeste, é da primeira que doravante se deve fazer a crítica teórica e é ela que se deve revolucionar na prática⁸.

V

Feuerbach, que não se satisfaz com o *pensamento abstrato*, recorre *à intuição sensível*; mas não considera a sensibilidade como atividade *prática* humana e sensível.

VI

Feuerbach converte a essência religiosa em essência *humana*. Mas a essência do homem não é uma abstração inerente ao indivíduo isolado. Na sua realidade, ela é o conjunto das relações sociais.

Feuerbach, que não empreende a crítica desse ser real, é por conseguinte obrigado:

1. a abstrair-se do curso da história e a tratar o espírito religioso como uma realidade que existe por si mesma, supondo a existência de um indivíduo humano abstrato, *isolado*.
2. a considerar, por conseguinte, o ser humano[9] unicamente como "gênero", como universalidade interna, muda, ligando *de modo natural* a multidão dos indivíduos.

VII

É por isso que Feuerbach não vê que o "espírito religioso" é ele próprio um *produto social* e que o indivíduo abstrato que ele analisa pertence na realidade[10] a uma forma social determinada.

VIII

Toda[11] vida social é essencialmente *prática*. Todos os mistérios que conduzem ao misticismo encontram sua solução racional na práxis humana e na compreensão dessa práxis.

IX

O máximo alcançado pelo materialismo *contemplativo*, isto é, o materialismo que não concebe a sensibilidade como atividade prática, é a contemplação dos indivíduos isolados e da sociedade civil[12].

X

O ponto de vista do velho materialismo antigo é a sociedade "*civil*". O ponto de vista do novo materialismo é a sociedade *humana*, ou a humanidade social[13].

XI

Os filósofos só *interpretaram* o mundo de diferentes maneiras; do que se trata[14] é de *transformá-lo*.

Notas

Prefácio

1. Marx caracteriza, respectivamente, as posições de Feuerbach, Bruno Bauer e Max Stirner.
2. [Passagem riscada no manuscrito:] Nenhuma diferença específica distingue o idealismo alemão da ideologia de todos os outros povos. Também para esta última, o mundo é dominado pelas idéias; as idéias e os conceitos são princípios determinantes; certas idéias constituem o mistério do mundo material acessível aos filósofos.

Hegel levará à perfeição o idealismo positivo. Para ele, não só o mundo material se havia metamorfoseado em um mundo das idéias e toda a história, em uma história das idéias. Ele não se limita a registrar os fatos de pensamento, mas procura também analisar o ato de produção.

Quando são sacudidos para saírem de seu mundo de sonhos, os filósofos alemães protestam contra o mundo das idéias, que lhes [...] a representação do [mundo] real, fís[ico]...

Todos os criticistas alemães afirmam que as idéias, representações, conceitos, dominaram e determinaram até agora os homens reais, que o mundo real é um produto do mundo das idéias. Isso, que ocorre até o presente momento, vai, no entanto, se modificar. Eles se diferenciam pela maneira como querem libertar o mundo dos homens, os quais, segundo eles, gemeriam assim sob o peso de suas próprias idéias fixas; eles também se diferenciam pelo que qualificam de idéia fixa; têm em comum a crença no domínio das idéias; têm em comum a crença em que o seu raciocínio crítico trará, fatalmente, o fim do estado de coisas existente, seja porque consideram o seu pensamento individual suficiente para alcançar esse resultado, seja porque almejam conquistar a consciência geral.

A crença de que o mundo real é o produto do mundo ideal, de que o mundo das idéias [...]

Extraviados pelo mundo hegeliano das idéias, que se tornou o deles, os filósofos alemães protestam contra o domínio dos pensamentos, idéias, representações, que até agora, segundo eles, isto é, segundo *a ilusão de Hegel*, deram origem, determinaram e dominaram o mundo real. Lançam um protesto e perecem [...]

No sistema de Hegel, as idéias, pensamentos, conceitos, produziram, determinaram, dominaram a vida real dos homens, seu mundo material, suas relações reais. Seus discípulos revoltados tomaram dele esse postulado [...]

Feuerbach

1. David Friedrich Strauss (1808-1874) tornou-se famoso por sua *Vie de Jésus*.

2. Generais de Alexandre da Macedônia que, após sua morte, se entregaram a uma luta obstinada pelo poder. No curso dessa luta, o império de Alexandre foi dividido em uma série de Estados.

3. Literalmente: *cabeça morta*, termo utilizado em química para designar o resíduo de uma destilação. Aqui: restos, resíduos.

4. [Passagem cortada no manuscrito:] Eis por que faremos preceder a crítica particular dos diversos representantes desse movimento por algumas considerações gerais (essas considerações bastarão para caracterizar o ponto de vista de nossa crí-

tica, tanto quanto necessário para compreendermos e fundamentarmos as críticas individuais que se vão seguir. Se opomos essas considerações precisamente a *Feuerbach*, é porque ele é o único a ter, pelo menos, realizado um progresso, o único cujos escritos podem, *de bonne foi**, ser estudados)**; essas considerações esclarecerão as premissas ideológicas comuns a todos eles.

1. *A ideologia em geral, especialmente a filosofia alemã*
Conhecemos apenas uma ciência, a ciência da história. A história pode ser examinada sob dois aspectos. Pode ser dividida em história da natureza e história dos homens. Os dois aspectos, entretanto, são inseparáveis; enquanto existirem os homens, sua história e a da natureza se condicionarão reciprocamente. A história da natureza, que designamos como ciência da natureza, não nos interessa aqui; em compensação, teremos que nos ocupar pormenorizadamente da história dos homens; com efeito, quase toda a ideologia ou se reduz a uma concepção falsa dessa história, ou procura fazer dela total abstração. A própria ideologia não passa de um dos aspectos dessa história.

* Em francês no texto (de boa-fé).
** Os trechos estão cortados verticalmente. A parte que colocamos entre parênteses, entretanto, está cortada horizontalmente.

A. Ideologia em Geral e em Particular a Ideologia Alemã

1. [Passagem cortada no manuscrito:]... ela tinha a pretensão de ser a redentora absoluta do mundo, de libertá-lo de todo o mal. A religião foi sempre considerada como o inimigo supremo, a causa última de tudo o que repugnava a esses filósofos, e como tal foi tratada.

2. Em francês no original (= em bloco).

3. [Frase cortada no manuscrito:] O primeiro ato *histórico* desses indivíduos, por meio do qual eles se distinguem dos animais, não é o fato de eles pensarem, mas o de começarem *a produzir seus meios de existência*.

4. [Frase cortada:] Ora, esse estado de coisas não condiciona apenas a organização que emana da natureza, a organização primitiva dos homens, principalmente suas diferenças raciais; condiciona igualmente todo o seu desenvolvimento ou não-desenvolvimento ulterior, até a época atual.

5. Marx emprega aqui a palavra *Verkehr*, que ele próprio traduz por *commerce* (no sentido amplo do termo, ou seja, de intercâmbio entre as pessoas) na sua carta a Annenkov. Mais adiante, voltarão os termos *Verkehrsform*, *Verkehrsverhältnisse* pelos quais Marx entende o que mais tarde irá designar como "relações de produção" (*Produktionsverhältnisse*).

6. Na época em que Marx escreveu essas linhas, dava-se grande importância à noção de tribo, de clã. A obra de L. H. Morgan, publicada em 1877 e dedicada ao estudo da sociedade primitiva, explicitará as noções de "gens" e de "clã". Engels utilizará os resultados de Morgan em sua obra: *A Origem da Família, da Propriedade Privada e do Estado* (1884).

7. Ao pé da letra: proletariado em farrapos. Elementos desclassificados, miseráveis e não-organizados do proletariado urbano.

8. Licínio (por volta de 350 antes da nossa era): Tribuno da plebe que, com Séxtio, editou em 367 leis que favoreciam os plebeus. Em virtude desses textos, nenhum cidadão romano tinha o direito de possuir mais de 500 geiras (cerca de 125 hectares) de propriedade estatal (*ager publicus*). Após 367, a "fome de terra" dos plebeus foi parcialmente aplacada, pois, graças às vitórias militares, eles receberam em parcelas as terras conquistadas.

9. Mais tarde Marx e Engels modificariam essa descrição, esse esquema da evolução das estruturas da propriedade, ob-

servando que ela só é válida para a Europa ocidental e assinalando a existência de um modo de produção asiático. Cf. *Lettres sur "Le Capital"* e *La Pensée*, nº 114.

10. [Passagem cortada no manuscrito:] As representações que esses indivíduos fazem de si mesmos são idéias quer sobre suas relações com a natureza, quer sobre suas relações uns com os outros, quer sobre sua própria natureza. É evidente que, em todos esses casos, tais representações são a expressão consciente – real ou imaginária – de suas relações e de sua atividade reais, de sua produção, de seu comércio, de sua organização política e social. Só é possível emitir a hipótese inversa supondo-se, além do espírito dos indivíduos reais condicionados materialmente, um outro espírito mais, um espírito particular. Se a expressão consciente das condições reais de vida desses indivíduos é imaginária, se, em suas representações, eles põem a realidade de cabeça para baixo, esse fenômeno é ainda uma conseqüência de seu modo de atividade material limitado e das relações sociais insignificantes que dele resultam.

11. Marx decompõe a palavra *Bewusstsein* (consciência) em seus dois elementos: *Das bewusste Sein* (o ser consciente).

12. [Ao lado desta frase, Marx anotou, à direita:] *Hegel*. Condições geológicas, hidrográficas etc. Os corpos humanos. Necessidade, trabalho.

13. Alusão a uma teoria de Bruno Bauer.

14. Construção das casas. Entre os selvagens, é claro que cada família tem sua própria caverna ou cabana, assim como é normal, entre os nômades, a tenda própria de cada família. Com a continuação do desenvolvimento da propriedade privada, essa economia doméstica separada torna-se ainda mais indispensável. Entre as populações agrícolas, a economia doméstica comunitária é tão impossível quanto o cultivo em comum do solo. A construção das cidades constituiu um grande progresso. Entretanto, em todos os períodos anteriores, a supressão da economia separada, inerente à supressão da propriedade privada, era impossível pelo simples fato de lhe fal-

tarem as condições materiais para que isso ocorresse. O estabelecimento de uma economia doméstica comunitária tem como condições prévias o desenvolvimento da maquinaria, da utilização das forças naturais e de numerosas outras forças produtivas – por exemplo abastecimento de água, iluminação a gás, aquecimento a vapor etc., a supressão [da oposição] entre a cidade e o campo. Sem essas condições, a própria economia em comum não constituiria, por sua vez, uma nova força produtiva. Careceria de qualquer base material, repousaria apenas sobre uma base teórica ou, em outras palavras, seria uma simples fantasia e levaria somente à economia monacal. Isso era possível, como provam o agrupamento em cidades e a construção de edifícios comuns para fins especiais (prisões, quartéis etc.). A supressão da economia separada acompanha, logicamente, a abolição da família (M./E.).

15. [Neste ponto, Marx escreve na coluna da direita:] Os homens têm uma história, porque devem *produzir* sua vida e devem fazê-lo de uma forma *determinada*: é uma conseqüência de sua organização física: assim também sua consciência.

16. [Frase cortada no manuscrito:] Minha consciência é a minha relação com o que me cerca.

17. [Na altura desta frase, Marx escreveu na coluna da direita:] Primeira forma dos ideólogos, *sacerdotes*, coincide.

18. [Na altura desta frase, Marx escreveu na coluna da direita:] *Religião*. Os alemães com a *ideologia* como tal.

19. Termos do vocabulário dos jovens hegelianos, e particularmente de Stirner.

20. Sabe-se que Bauer pretendia-se campeão de uma escola filosófica "crítica".

21. *Anais Franco-alemães* era uma revista editada em Paris por Marx e A. Ruge. O primeiro e o único número apareceu em fevereiro de 1844. Continha dois artigos de Marx: "Sobre a questão judaica", "Contribuição à crítica da filosofia do direito de Hegel" e um longo artigo de Engels: "Esboço de uma crítica da economia política". As divergências entre Marx e Ruge impediram a continuidade dessa publicação.

Em 1845, em Francfort-sur-Main, foi publicada a obra de Marx e Engels: *A Sagrada Família, ou Crítica da Crítica Crítica. Contra Bruno Bauer e adeptos.* Título alemão: *Die heilige Familie, oder Kritik der Kritischen Kritik. Gegen Bruno Bauer und Consorten.*

22. A edição MEGA dá uma versão ligeiramente diferente: *sich begegnen* (defrontar-se), em vez de *sich bewegen* (movimentar-se).

23. [Passagem cortada no manuscrito:] Até agora examinamos somente um aspecto da atividade humana, *a transformação da natureza pelos homens*. O outro aspecto, *a transformação dos homens pelos homens...*

Origem do Estado e relações entre o Estado e a sociedade civil.

24. A expressão alemã é *bürgerliche Gessellschaft*, que poderia significar "sociedade burguesa".

25. [Aqui, Marx escreveu na coluna da direita:] DA PRODUÇÃO DA CONSCIÊNCIA.

26. Em alemão: *Gattung*, que traduzimos por gênero, no sentido de gênero humano.

27. Max Stirner.

28. Alusão às teorias de Bauer e de Stirner. Ver acima.

29. [A esta altura, Marx escreveu na coluna da direita:] A maneira chamada *objetiva* de escrever a história consistia precisamente em conceber as relações históricas separadas da atividade. Caráter reacionário.

30. Título abreviado de uma única e mesma revista dos jovens hegelianos que surgiu de 1838 a 1843 sob a forma de folhetos diários. De janeiro de 1838 a junho de 1841, ela se intitulou: *Hallische Jarhrbücher für deutsche Wissenschaft und Kunst* [Anais de Halle para a Ciência e a Arte Alemãs], sob a direção de Arnold Ruge e de Theodor Echtermeyer. Ameaçada de ser proibida na Prússia, a revista se transferiu para a Saxônia tomando o nome, em julho de 1841, de *Deutsche Jarhrbücher für Wissenschaft und Kunst* [Anais Alemães para a Ciên-

cia e a Arte]. Mas, em janeiro de 1843, o governo proibiu a tiragem da revista, proibição essa que foi estendida a toda a Alemanha por decisão do *Bundestag*.

31. Respectivamente, alusão a Bauer, Feuerbach, Stirner.

32. Bruno Bauer: *Geschichte des Politik, Cultur und Aufklärung des achtzehten Jahrhunderts*, Bd 1-4, Charlottenburg, 1843-1845.

33. Cântico nacionalista de Nicolas Becker: "O Reno Alemão", composto em 1840, provocando então duas réplicas diferentes, a de Musset, patrioteira, e a de Lamartine, pacifista.

34. Jakob Venedey (1805-1871): jornalista e político alemão de esquerda.

35. Trata-se de Bruno Bauer e de Max Stirner.

36. *Wigand's Vierteljahrsschrift*, revista dos jovens hegelianos editada em Leipzig, de 1844 a 1845, por Otto Wigand. No tomo II, Feuerbach escrevera um artigo em que polemizava com Stirner e que se intitulava "Über das *Wesen des Christenthums* in Beziehung auf den *Einzigen und sein Eigenthum*"* [De *A Essência do Cristianismo* em relação a *O Único e sua Propriedade*].

* A primeira obra é de Feuerbach, a segunda é de Stirner.

37. Obra de Feuerbach: *Grundsätze der Philosophie der Zukunft* [Princípios da Filosofia do Futuro], Zurique e Wintherthur, 1843.

38. O sentido da passagem que falta é mais ou menos o seguinte: Se seu "ser" contradiz sua "essência", aí está sem dúvida uma anomalia, mas não um acaso infeliz. É um fato histórico baseado em relações sociais determinadas, que Feuerbach se contenta em constatar; ele interpreta somente o mundo sensível existente, e se comporta para com ele como teórico, enquanto que na realidade...

39. N.-B.– O erro de Feuerbach não reside no fato de ele subordinar o que é visível a olho nu, *a aparência* sensível, à realidade sensível constatada graças a um exame mais profundo do estado concreto das coisas; seu erro consiste, ao

contrário, no fato de que, em última instância, ele não pode chegar à conclusão sobre a materialidade sem considerá-la com os "olhos", ou seja, através dos "óculos" do *filósofo* (M./E.).

40. Bruno Bauer: "Característica de Ludwig Feuerbach", *Wigand's Vierteljahrsschrift*, 1845, t. III.

41. Alusão a um verso do *Fausto* de Goethe (Prólogo no céu).

42. Geração espontânea.

43. [Passagem cortada no manuscrito:] Se todavia examinamos aqui a história um pouco mais de perto, é porque os alemães têm o hábito, quando ouvem as palavras "história" e "histórico", de imaginar todas as coisas possíveis e imagináveis, mas, sobretudo, não a realidade. E, desse hábito, São Bruno, "esse orador versado na eloqüência sacra", nos fornece um brilhante exemplo.

44. [Passagem cortada no manuscrito:] Estes "conceitos dominantes" terão uma forma tanto mais geral e generalizada quanto mais a classe dominante é obrigada a apresentar os seus interesses como sendo o interesse de todos os membros da sociedade. Em média, a própria classe dominante imagina que são os seus conceitos que imperam, e só os distingue das idéias dominantes das épocas anteriores apresentando-os como verdades eternas.

45. [Neste ponto, Marx escreveu na coluna da direita:] A universalidade corresponde: 1) à classe contra o estamento; 2) à concorrência, ao comércio mundial etc.; 3) ao grande número da classe dominante; 4) à ilusão da *comunidade* dos interesses. (No começo, essa ilusão [é] justa); 5) à ilusão dos ideólogos e à divisão do trabalho.

46. [Marx escreveu à margem:] O homem = o "espírito humano pensante".

47. Em inglês no original (= lojista).

B. A base real da ideologia

1. Marx emprega o termo *Verkehr*.
2. Liga contra a Lei do Trigo, organização de livre comércio inglesa fundada em Manchester, em 1838, por Cobden e Bright. Ela havia determinado como seu objetivo a abolição das taxas sobre a importação dos cereais; lutava contra os proprietários de terras, partidários da manutenção das taxas, e era animada por industriais que achavam que a livre importação do trigo provocaria uma baixa do preço do pão e dos salários. Obteve êxito em 1846.
3. Estado tem aqui o sentido que tem em terceiro-estado.
4. [Na altura desta frase, Marx escreveu uma observação na coluna da direita:] Ela absorve primeiro os tipos de trabalho que dependem diretamente do Estado, depois todas as profissões mais ou menos ideológicas.
5. Em francês no texto de Marx. [Adiante desta frase, Marx escreveu na coluna da direita:]
Pequenos burgueses.
Classe média.
Grande burguesia.
6. Leis editadas por Cromwell em 1651 e renovadas depois. Estipulavam que a maioria das mercadorias importadas da Europa, da Rússia ou da Turquia só deviam ser transportadas por navios ingleses ou dos países exportadores. A cabotagem ao longo das costas inglesas devia ser feita exclusivamente por barcos ingleses. Essas leis, destinadas a favorecer a marinha inglesa, eram sobretudo dirigidas contra a Holanda. Foram abolidas de 1793 a 1854.
7. Essas tarifas diferenciadas incidiam com pesos diferentes sobre uma mesma mercadoria, conforme sua origem fosse des-te ou daquele país.
8. John Aikin (1747-1822): médico inglês que foi também historiador.
9. Isaac Pinto (1715-1787): especulador e economista holandês. As citações (em francês no original) são extraídas da

"Carta sobre o egoísmo do comércio" da obra *Tratado da Circulação e do Crédito*. Amsterdam, 1771.

10. O movimento do capital, embora sensivelmente acelerado, ainda era de relativa lentidão. A divisão do mercado mundial em partes isoladas, cada uma das quais era explorada por uma nação determinada, a eliminação da concorrência entre as nações, a inépcia da própria produção e o sistema financeiro que mal ultrapassara o primeiro estágio do seu desenvolvimento, entravavam muito a circulação. Seguiu-se um espírito mercantil de uma sórdida mesquinhez, que manchava todos os comerciantes e todas as formas de exploração do comércio. Em comparação com os manufatureiros e mais ainda com os artesãos, eles eram, na verdade, grandes burgueses; em comparação com os comerciantes e com os industriais do período subseqüente, eles ficam pequeno-burgueses. Cf. Adam Smith* (M./E.).

* Nessa época Marx conhecia Smith pela tradução francesa de sua obra intitulada: *Investigações sobre a Natureza e as Causas da Riqueza das Nações*. Título do original: *An Inquiry into the Nature and Causes of the Wealth of Nations*, Londres, 1776.

11. A concorrência isola os indivíduos, não somente os burgueses, mas ainda mais os proletários entre si, embora os reúna. É por isso que sempre decorre um longo período até que esses indivíduos possam unir-se, sem contar o fato de que – se queremos que sua união não seja puramente local – esta exige previamente a criação, pela grande indústria, dos meios necessários, ela exige as grandes cidades industriais e as comunicações rápidas e a baixo custo; e por isso só após longas lutas é possível vencer qualquer poder organizado frente a esses indivíduos isolados e que vivem em condições que recriam a cada dia esse isolamento. Exigir o contrário seria o mesmo que exigir que a concorrência não existisse naquela época histórica determinada, ou que os indivíduos eliminassem de seu cérebro condições sobre as quais não têm nenhum controle como indivíduos isolados (M./E.).

12. Propriedade de um cidadão romano de linhagem antiga.

13. [Na altura desta linha, Engels escreveu na coluna da direita:] (Usura!)

14. Cidade italiana situada ao sul de Nápoles. Nos séculos X e XI, era um porto florescente e seu direito marítimo foi adotado por toda a Itália.

15. Direito de usar e de abusar.

16. O direito de abusar.

17. *Relação para os filósofos = idéia.*

Eles conhecem somente a relação de "o homem" por si mesmo e é por isso que todas as relações reais se tornam para eles idéias (M./E.).

18. Falta o começo, que estava no caderno que recebeu de Engels o nº 83 e de Marx a paginação de 36 a 39. Ao todo são quatro páginas.

19. Em francês no original (= indústria extrativa).

20. Sismondi (1773-1842): economista suíço, critica o capitalismo partindo de um ponto de vista pequeno-burguês. Cherbuliez (1797-1869): discípulo de Sismondi, acrescenta às idéias deste noções tiradas de Ricardo.

21. Em francês no original (= a associação dos indivíduos à associação dos capitais).

22. [Aqui Engels anotou à margem:] Sismondi.

23. [Frase marcada com um traço por Marx que anota adiante na coluna da direita:] Alienação de si.

24. [Anotação de Marx na coluna da direita:] de sorte que essas pessoas têm interesse em manter o atual estado de produção.

25. [Palavras cortadas no manuscrito:] .... forma moderna da atividade sob a qual a dominação das ....

26. [Passagem cortada no manuscrito:] Desde algum tempo todos os comunistas, tanto na França como na Inglaterra e na Alemanha, estão de acordo quanto à necessidade dessa revolução; São Bruno no entanto prossegue tranqüilamente no

seu sonho e pensa que, se se coloca "o humanismo real", ou seja, o comunismo, "no lugar do espiritualismo" (que não tem mais lugar nenhum), é unicamente para que ele ganhe em respeito. Então – continua ele sonhando "será preciso que venha a salvação, que se tenha o céu na terra e que a terra seja o céu". (Nosso douto teólogo ainda não consegue privar-se do céu.) "Então brilharão, em meio às celestes harmonias, a alegria e a felicidade por toda a eternidade" (p. 140). Nosso Santo-Padre da Igreja terá a maior surpresa quando desabar sobre ele o dia do Juízo Final, aquele dia em que tudo se cumprirá – um dia cuja aurora será feita do reflexo sobre o céu das cidades em chamas, e em que chegará a seus ouvidos, no meio dessas "harmonias celestes", a melodia da *Marselhesa* e da *Carmanhola* acompanhada do troar dos canhões, que não podem faltar no caso, enquanto a guilhotina marcará o compasso; enquanto a "massa" ímpia urrará *Ça ira, ça ira** e abolirá a "consciência de si" por meio da lanterna**. Menos que qualquer outro, São Bruno não tem razão de traçar dessa "alegria e felicidade por toda a eternidade" um quadro edificante. Não nos daremos ao prazer de arquitetar *a priori* o que será o comportamento de São Bruno no dia do Juízo Final. É igualmente difícil decidir se os *prolétaires en révolution**** deviam ser concebidos como "substância", como "massa" que quer derrubar a crítica ou então como "emanação" do espírito, que todavia careceria da consistência necessária para digerir os pensamentos bauerianos****.

* Em francês no original (= Vai dar certo, vai dar certo).
** Alusões ao refrão do *Ça ira*: "Os aristocratas da lanterna".
*** Em francês no original (= proletários em revolução).
**** Compreende-se que Marx tenha finalmente cortado essa visão apocalíptica da revolução, mesmo que, é claro, nessa época ele não concebesse outra revolução que não violenta e necessariamente sangrenta. Ele tinha presentes no espírito a Revolução Francesa e o Terror.

C. Comunismo – Produção do Próprio Modo de Trocas

1. No lugar desse termo, Marx empregará mais tarde o termo associados (associação em vez de união etc.).
2. Em francês no original (= mais ou menos).
3. Contra o homem.
4. Em francês no original (= a despeito de si mesmos).
5. [Nesta frase, na coluna da direita, Marx escreveu:] Produção do próprio modo de trocas.
6. Em francês no original (= por sua vez).
7. Energia pessoal dos indivíduos de diferentes nações – alemães e americanos –, energia surgida realmente do cruzamento de raças – daí os alemães verdadeiros cretinos – na França, na Inglaterra etc., povos estrangeiros transplantados para um solo já evoluído e para um solo inteiramente novo na América; na Alemanha a população primitiva absolutamente não se mexeu (M./E.).
8. [Na frente dessa frase, Engels escreveu na coluna da direita:] (Feuerbach: Ser e Essência).
9. Trata-se da célebre obra de Jean-Jacques Rousseau.
10. A frase que se encontra freqüentemente em São Max Stirner: "cada um é o que é graças ao Estado", vem a ser, no fundo, o mesmo que dizer que o burguês não passa de um exemplar da espécie burguesa, frase que pressupõe que a *classe* dos burgueses deve ter existido antes dos indivíduos que a constituem*.

* Essa frase é colocada entre colchetes por Marx, que anota na coluna da direita: PREEXISTÊNCIA *da classe, entre os filósofos.*

11. Em francês no original (= plebeu).
12. N. B. – Não esqueçamos que a necessidade da servidão, para existir, e a impossibilidade da grande exploração, a qual trouxe a divisão dos lotes* entre os servos, reduziram bem depressa as obrigações destes para com o senhor feudal a uma média de entregas *in natura* e de corvéias; isso dava ao servo a possibilidade de acumular os bens móveis, favorecia a sua

evasão da propriedade do senhor e lhe dava a perspectiva de ser bem-sucedido na cidade enquanto cidadão; disso resultou também uma hierarquização entre os servos, de tal maneira que os que se evadem já são meio-burgueses. Fica evidente, portanto, que os vilões que conheciam um ofício tinham o máximo de oportunidade de adquirir bens móveis (M./E.).

* Parcelas.

13. Mais tarde, Marx, explicitando essa noção de trabalho preconizará a abolição do trabalho assalariado.

Anexo – Teses sobre Feuerbach

1. Traduzimos segundo o manuscrito de Marx. Todavia, levamos em conta a versão publicada por Engels, em apêndice ao seu *Feuerbach*, em 1888. Indicamos em nota as variantes importantes.

2. O manuscrito de Marx indica aqui somente: "a doutrina materialista da modificação das circunstâncias e da educação esquece..." Engels explicitou o pensamento, em uma nota, como se lê no texto acima.

3. Parênteses acrescentado por Engels.

4. Essa precisão é acrescentada por Engels.

5. Engels diz "real".

6. Frase acrescentada por Engels.

7. O texto de Marx coloca as duas operações no mesmo plano.

8. Marx escreveu: "é a primeira que é preciso aniquilar no plano da teoria e da prática."

9. Adjetivo acrescentado por Engels.

10. "na realidade" é acrescentado por Engels.

11. Engels diz simplesmente "a vida".

12. Variante de Engels: "a maneira de ver dos indivíduos isolados na sociedade civil".

13. Neste parágrafo, é Engels que sublinha humana e põe entre aspas civil.

14. Engels acrescentou: "porém..."